beck'sche reihe

denker

bsr

Giordano Bruno, der vor 400 Jahren, am 17. Februar 1600, in Rom als Häretiker verbrannt wurde, ist seit der Aufklärung eine Identifikationsfigur: als Ketzer und Märtyrer der Geistesfreiheit, als Frühaufklärer, als Vor-Hegelianer, zuletzt als Magier und Okkultist. Paul Richard Blum stellt in diesem Buch Brunos Philosophie im Zusammenhang mit seiner Biographie dar. Die wichtigsten Themen sind Unendlichkeit und Einheit der Welt und produktive Kraft des menschlichen Geistes, ausgedrückt in einer Logik des Gedächtnisses, philosophischer Mathematik, Monadenlehre und Kosmologie und nicht zuletzt Kritik der Religion.

Paul Richard Blum ist Professor für Philosophie an der Péter Pázmány Universität Budapest. Zahlreiche Veröffentlichungen über Philosophie der Renaissance.

Die Reihe „Denker" wird herausgegeben von *Otfried Höffe*, Professor für Philosophie an der Universität Tübingen.

Paul Richard Blum

Giordano Bruno

Verlag C.H. Beck

Mit 7 Abbildungen

Die Deutsche Bibliothek – CIP-Einheitsaufnahme

Blum, Paul Richard:
Giordano Bruno / Paul Richard Blum. –Orig.-Ausg. –
München : Beck, 1999
(Beck'sche Reihe ; 551 : Denker)
ISBN 3 406 41951 8

Originalausgabe
ISBN 3 406 419518

Umschlagentwurf: + malsy, Bremen
Umschlagabbildung: Skulptur von Giuseppe Canone.
Lessico Intelletuale Europeo. Rom

Gesamtherstellung: C. H. Beck'sche Buchdruckerei, Nördlingen
Gedruckt auf säurefreiem, alterungsbeständigem Papier
(hergestellt aus chlorfrei gebleichtem Zellstoff)
Printed in Germany

Inhalt

Vorbemerkung

„Nichts unter der Sonne ist neu," war Giordano Brunos Leitspruch. Dennoch ist es angebracht, ihn als einen Denker vorzustellen, der eine eigene Philosophie hervorgebracht hat. Wie im Schlußkapitel über sein Nachleben zu sehen ist, wurde er meistens zum Zweck der Parteinahme (gegen die Katholiken, für die Toleranz, gegen oder für aktuelle Strömungen der Philosophie – oder als Repräsentant seiner Epoche) rezipiert. Widerstand gegen Vereinnahmung war aber gewiß einer seiner beständigsten Impulse. Andererseits macht der Denker aus Nola es dem Leser schwer zu folgen, der nach klaren Aussagen sucht. Der hektische Redner, mit „Namen und Titeln länger als sein Körper", der wie ein Jongleur seine Ärmel zurückschlägt und auf sein Auditorium einredet, ist nicht nur eine gehässige äußerliche Beschreibung (seinerzeit in Oxford), sondern auch emblematisch für Brunos Philosophieren: Er sucht nicht nach glatten Lösungen, sondern nach der Tiefe der Probleme, er kennt die Literatur und die Strategien mitsamt ihren Schwächen; deshalb lernt er nicht brav im Kloster, was die Scholastik zu bieten hat, sondern verliert die Fassung über die ungelösten Fragen abgetaner Irrlehren. Vor allem aber sucht er Verbündete für seine eigene Einsicht und macht sich zum Propagandisten in eigener Sache. Deshalb hat er oft mehr außerhalb als innerhalb der Fachphilosophie fasziniert. Durch die Windungen und Wenden seiner Argumentationen hindurch soll hier versucht werden, denselben Bruno in seinen verschiedenartigen Werken zu finden, der stolz von sich sagte: „Philosophie ist mein Beruf!"

Da Bruno anders als mancher Philosoph seiner Zeit weder Amtsträger noch Politiker, Geschäftsmann oder Künstler war, wird sein Denken hier an den Stationen seiner Wanderung durch das westliche Europa entlang dargestellt, wobei sich ganz natürlich Schwerpunkte ergeben, die in den Überschriften angekündigt werden.

Obwohl auf Fußnoten verzichtet wurde, ist dieses Buch der in der Bibliographie genannten Literatur verpflichtet (und dort wurde der Schwerpunkt auf die neueren Forschungen gelegt); für einige Sachinformationen wurde Sekundärliteratur in Klammern genannt. Alte Quellen werden mit innerer Gliederung zitiert, so daß sie in beliebigen Ausgaben nachgelesen werden können. Sigeln für Abkürzungen finden sich in der Bibliographie. Alle Übersetzungen stammen von mir.

Dieses Buch wurde zum Teil während eines Forschungsaufenthaltes am Center for Philosophy of Religion der University of Notre Dame, Indiana, geschrieben; für diese Gelegenheit und vielfältige Hilfen danke ich hiermit herzlich. Für technische Unterstützung geht ein besonderer Dank an Sabine Fischer.

Mönchengladbach, den 23. Mai 1999 *Paul Richard Blum*

I. Im glücklichen Campanien: Schulmäßige und unkonventionelle Ausbildung

„Einst haben mich als Kind, so erinnere ich mich, lieblicher Berg Cicala, deine heiligen Lichter umschmeichelt ... und mit ausgestrecktem Zeigefinger sagtest du mir: Sieh nach Norden, sieh den mir verwandten Vesuv dort. Er ist mir verwandt und auch er will dir wohl, glaubst du mir? ... Ich sagte: Dieser ist eine Welt weit entfernt, von schäbigem Nebel umschattet und hat nichts gutes zu bieten ... Du aber sagtest: Und doch ist er mein liebender Bruder und will auch dir wohl ... Also dort angekommen sehe ich den Vesuv aus der Nähe ... mit reich von den Zweigen hängenden Trauben, Früchten aller Art und den gütigen Himmel der Heimat ansehend, dem nichts, was ich kenne, fehlt und der hundertmal mehr davon hat, da beschuldige ich zuerst erstaunt meine lügnerischen Augen. Und er befahl: ... bleib also hier, verachte die Götter Cicalas. Sieh, wie reich an Gütern ich bin ... von hier richte deine Augen und schau auf Cicala, meinen Bruder weit hinten, wie er mit schwarzer Kuppel den Himmel berührt und mit pechfarbenem Kleid die düsteren Täler umhüllt ... Darauf sagte ich: Genauso warst auch du, bevor ich zu dir kam ... So verschwinden die Nebel, der Himmel und die Mitte der Welt kehrt zurück dorthin mit mir, so daß ich immer von ihm begleitet eintrete, und er immer mit mir bleibt, wo immer ich bleibe ... Auf welchem Gebiet der Erde ich auch bin, ich sehe, daß Westen und Osten von mir gleichen Abstand halten ... Nicht also das Sehen lügt, denn es gibt sich soviel zurück, wie man mit gleichen Radien zeigen kann, und wohin du auch gehst, gibt es das gleiche Maß ... Also wird der Himmel nicht von einem bestimmten Rand begrenzt ...“ (OL I 1, 312–316)

In dieser Kindheitserinnerung erzählt Giordano Bruno seine Philosophie der unendlichen Welt und der Relativität des Zentrums als eine Kindheitserfahrung.

Den Vesuv vor Augen, der das „glückliche Campanien“ beherrscht, war er in Nola, zirka 30 km von Neapel aufgewachsen. Dort war er 1548, vermutlich im Februar, geboren. Die meisten Informationen über seine Herkunft und Frühzeit weiß man aus solchen eingestreuten biographischen Bemerkungen in seinen philosophischen Schriften, außerdem aus den Protokollen des Inquisitionsprozesses, an dessen Ende er am 17. Februar 1600 in Rom verbrannt wurde. Brunos Vater hieß mit Vornamen Giovanni. Er war von Beruf Soldat, seine Mutter hieß Fraulissa Savolino. Es gibt keine Belege, daß seine Familie wohlhabend war, aber es ist zu vermuten, daß der Sohn mit 17 Jahren (1565) in den Dominikanerorden eintrat, weil er anders ein Studium nicht hätte finanzieren können. In Neapel, der Hauptstadt des damaligen spanisch beherrschten Königreiches, begann Bruno mit 14 Jahren sein Grundstudium der humanistischen Fächer (Grammatik, Rhetorik, Poetik) sowie der Logik. Sein wichtigster Lehrer war offenbar der Augustinerpater Theophilus Vairanus, der später Studienleiter in Florenz, dann Professor an der römischen Universität und schließlich Privatlehrer wurde und 1578 in Palermo starb. Obwohl die Augustiner, ein im 16. Jahrhundert bedeutender Orden, in Neapel öffentliche Vorlesungen hielten, hat Bruno offenbar privaten Unterricht bei Vairanus genommen. Öffentliche Vorlesungen besuchte er bei Giovanni Vincenzo Colle, genannt Sarnese († 1574), von dem Ausgaben des averroistischen Philosophen Hieronymus Balduinus bekannt sind. Beide Lehrer sind nicht durch besondere Leistungen hervorgetreten, und vielleicht bezieht sich Bruno in seiner späteren Polemik gegen die aristotelische Logik auf diesen Unterricht, wenn er zum Beispiel den folgenden logischen Schluß vorführt:

Das Herz (Cor) ist die Quelle des Lebens.
Schnee (Nix) ist weiß.
Also ist der Rabe (Cornix) die Quelle des weißen Lebens. (DI 1117)

Offensichtlich hat Bruno bei diesem Unterricht die Philosophie des Aristoteles in der Version des Averroismus kennengelernt. Die Interpretation des Aristoteles durch den Araber Averroes (1126–1198) war im 13. Jahrhundert Gegenstand theologischer Kontroversen. Der Averroismus der Renaissance, der in Padua ein Zentrum hatte, vertrat eine strenge philosophische Auslegung der Werke des Aristoteles, die unter dem Einfluß des Humanismus zum Teil neu übersetzt worden waren und kritisch studiert wurden; er vertrat zwei Lehren, die mit der christlichen Theologie schwer vereinbar waren: die Ewigkeit der Welt und die Einheit des Intellekts. Die christliche Theologie lehrt, daß die Welt in einem Schöpfungsakt Gottes entstanden ist, und wenn es auch unmöglich ist, eine „Zeit vor der Zeit" zu benennen, so ist die Welt doch nicht ohne Anfang. Aus aristotelischer Perspektive, die den Schöpfungsgedanken nicht kennt, folgt, daß die Welt von Ewigkeit her Bestand hat. Das Problem der Einheit des Intellektes ist von der Auslegung einer Stelle in Aristoteles' Schrift *Über die Seele* abhängig: Die averroistische Auslegung versteht die individuelle Seele des Menschen als Vereinzelung einer Universalseele, in die die einzelne Seele nach dem Tod wieder aufgeht. Eine Alternative ist die sogenannte alexandristische Lösung nach dem antiken Kommentator der Schriften des Aristoteles Alexander von Aphrodisias (um 200 n. Chr.), wonach die Seele des einzelnen Menschen mit seiner Geburt entsteht und mit seinem Tod vergeht. Diese letztere Lösung wurde schließlich von dem berühmten Paduaner Philosophen Pietro Pomponazzi (1462–1525) vertreten und 1513 kirchlich verboten, weil sie u.a. die Idee von Sünde und Erlösung überflüssig macht. Aber auch die averroistische Lösung hat Probleme, weil die menschliche Freiheit und Verantwortung nach christlicher Auffassung davon abhängig ist, daß die Seele des einzelnen Menschen mit seiner Geburt geschaffen wird und nach seinem Tod als einzelne Seele weiter existiert. Auch wenn Bruno in seinen Schriften nicht ausdrücklich zum Averroismus Stellung nimmt, so ist doch dieser Einfluß zumindest darin erkennbar, daß auch er das Problem der Seele und die Spannung zwischen philosophischer und theologischer Auslegung der Natur zu zentralen Themen seines Philosophierens machen wird.

In jenen frühen Studienjahren dürfte Bruno sich auch seinen enormen Fundus an philosophischen und literarischen Quellenkenntnissen angelesen haben. Er kennt und zitiert die atomistische Naturphilosophie des Lukrez, die Schriften Platons und der Platoniker in der Übersetzung des Marsilio Ficino. Er kennt dessen Schriften und die anderer Renaissancephilosophen, vor allem Nikolaus Cusanus, ferner klassische lateinische Autoren wie Ovid, Horaz und Vergil, aber auch italienische Dichter wie Lodovico Ariosto oder seinen Landsmann Luigi Tansillo, dessen Dichtungen er häufig in seinen italienischen Dialogen zitiert. Wenn der junge Student sich damals in Neapel frei bewegen konnte, hatte er auch vielleicht Gelegenheit zu Kontakten mit Valdesianern (nach Juan de Valdés [† 1541]; nicht zu verwechseln mit den Waldensern nach Petrus Waldo [† 1218], die sich den Calvinisten anschlossen), die sich auf den Humanisten Erasmus von Rotterdam beriefen und antitrinitarischen Lehren zugeneigt waren. Der Antitrinitarismus, die Lehre also, daß Gott nicht in drei Personen besteht und Christus folglich keine göttliche Natur zukommt, hatte zahlreiche Zentren in Europa und wirkte in verschiedenen Schattierungen bis in die Aufklärung fort. Bruno kam mit solchen Gruppen möglicherweise später in verschiedenen Städten Europas in Verbindung. Sicher ist, daß seine Ablehnung der Trinitätslehre schon mit 18 Jahren begonnen hatte und Gegenstand des Inquisitionsprozesses gegen ihn war (P 170). Ebenfalls in frühen Jahren begann Bruno die Gedächtniskunst zu studieren und zwar nach Petrus von Ravenna († 1508), von dem er „noch als Kind" das Prinzip alphabetischer Tabellen gelernt haben will, ein Prinzip, das er mit einem Funken vergleicht, der unzählige Feuer und Funken anzündet (OL II 2, 130). Die Gedächtniskunst, zunächst einmal eine Hilfsdisziplin des Lernens und der Rhetorik, wurde von Bruno zu einer eigenartigen Erkenntnistheorie ausgeweitet. Denn die wissenschaftliche Welt Europas und auch Neapels befaßte sich um die Mitte des 16. Jahrhunderts mit alternativen Wissenschaftsmodellen, die vom Renaissance-Platonismus, von der Lektüre der Vorsokratiker und von solchen wissenschaftlichen Interessen geprägt waren, die man heute als empirisch bezeichnen würde. So entstanden Traktate zur Magie, unter der man Versuche verstehen kann, die Kräfte der Natur ausfindig zu machen und zu steuern, während 1565 Bernardino Telesio (1508–1588) in Neapel die erste Version seiner Schrift *Über die Prinzipien der Natur* (*De rerum natura iuxta propria principia*) veröffentlichte, die versucht, die Natur weitgehend durch nicht-geistige Prinzipien, nämlich die Grundkräfte Wärme und Kälte, zu erklären. Alle diese und noch viele andere Quellen sind in Brunos veröffentlichten Werken fast immer gleichzeitig gegenwärtig. Wir dürfen daher annehmen, daß er die meisten dieser Theorien schon während seiner ersten Studien kennengelernt hat.

Am 15. Juni 1565 tritt Bruno dem Orden der Dominikaner bei. Er wird Novize im Kloster San Domenico Maggiore in Neapel, dem ältesten Dominikanerkloster am Ort, in dem sich zeitweise auch Thomas von Aquin aufgehalten hatte. Mit dem Eintritt in den Orden legte Bruno seinen Taufnamen Filippo ab, ihm wurde der Ordensname Giordano zugewiesen, den er auch zeitlebens beibehielt. Sein Motiv, Ordensmann zu werden, bestand sicherlich darin, daß die Orden die einzigen Korporationen waren, in denen man kostenfrei eine wissenschaftliche Ausbildung mit anschließender beruflicher Tätigkeit bekommen konnte, und die Patres von San Domenico waren für Bruno damals „Götter auf Erden", wie er später einmal einem Mitgefangenen der Inquisition gesagt haben soll, jedoch mit dem Zusatz: „Und dann entdeckte ich, daß sie alle Esel und Ignoranten waren und die Kirche von Ignoranten und Eseln regiert werde" (P 251). Den „Eseln", kurz gesagt wortklauberischen Philosophen, widmete er später einen eigenen Dialog. Der einzige Dozent jener Zeit, der durch philosophische Veröffentlichungen bekannt geworden ist, war Matthias Aquarius de Gibbonis († 1591), Verfasser einer Schrift über das Gedächtnis und eines Kommentars zur *Metaphysik* des Aristoteles, der Einblick in die Lehrpraxis des Hauses in Neapel gibt.

Bruno absolviert das Noviziat und Diakonat den Regeln entsprechend, studiert in San Domenico Theologie, wird 1573 zum Priester geweiht und 1575 Lektor für Theologie. Das philosophische Studium, das er teilweise in der Lombardei absolvierte, dauerte bei den Dominikanern damals drei Jahre und umfaßte in der damaligen Terminologie Dialektik, Philosophie und Metaphysik, d. h. Logik, Physik und Metaphysik in Anlehnung an Aristoteles (Vita 158). Hierbei, wie erst recht in der Theologie, waren für die Dominikaner Thomas von Aquin und die Thomisten maßgeblich, zum Beispiel Sylvester von Ferrara und Domingo Soto für die Interpretation des Aristoteles. Das Theologiestudium dauerte vier Jahre, und nachdem bereits 1526 der Dominikaner Francisco de Vitoria in Salamanca die *Summa Theologiae* des Thomas von Aquin zum Lehrbuch erhoben hatte, richtete sich auch der Theologieunterricht in Neapel nach diesem Grundwerk. Es wurde sogar 1571 unter Beteiligung von San Domenico Maggiore nachgedruckt. Die Abschlußprüfung bestand damals (und noch einige Jahrhunderte lang) in der öffentlichen Verteidigung oder Disputation von Thesen. Zwei von diesen Thesen sollen gelautet haben: „Alles, was St. Thomas in der ‚Summa contra gentiles' sagt, ist wahr", und: „Alles, was der Lehrer der ‚Sentenzen' sagt, ist richtig." Demnach hat sich seine Prüfung also auf die andere „Summe" des Thomas, nicht auf die *Summa theologica*, und auf das früher gebräuchliche mittelalterliche Lehrbuch des Petrus Lombardus bezogen (Vita 652). Im großen Ganzen dürfte diese Information richtig sein, die durch einen französischen Gesprächspartner zehn Jahre später überliefert ist, auch wenn es damals unüblich war, daß dem Kandidaten so allgemein gefaßte Thesen in dieser Formulierung aufgegeben wurden.

Dennoch verlief das Studium keineswegs glatt. Schon der Novize bekam Schwierigkeiten, wie er im späteren Inquisitionsprozeß in Venedig, offensichtlich die Sache herunterspielend, erzählt. Zunächst einmal hatte er Heiligenbilder – er nennt ausdrücklich Katharina von Siena und Antonino von Fiesole – weggegeben, immerhin behielt er noch das Kruzifix. Außerdem hatte er einem Mitnovizen, der gerade ein Buch zur Marienverehrung las, geraten, lieber *Das Leben der Heiligen Väter* (des Dominikaners Domenico Cavalca; Peregrinatio 67–69) oder etwas anderes zu lesen. (Worin sich die genannten Erbauungsbücher derart unterschieden, daß Brunos Wahl verdächtig scheinen mußte, ist noch ungeklärt.) Daraufhin habe der Novizenmeister eine Anklage verfaßt, aber noch am selben Tag zerrissen. Die Heiligenverehrung und speziell der Marienkult waren ein charakteristisches Element der katholischen Religiosität nach dem Ausbrechen der protestantischen Reformation. Er mußte sich also auf jeden Fall des Protestantismus verdächtig machen. Verräterisch ist auch, daß Bruno bei seiner Aussage und auch bei ihrer Wiederholung es erwähnenswert findet, daß er das Kruzifix behalten hat (P 190f.), denn es wird sich bald herausstellen, daß Bruno auch philosophische Zweifel an der Zweiten Göttlichen Person Christus hegt. Ebenfalls im Prozeß in Venedig gesteht er:

„Christlich gesprochen entsprechend der Theologie, die jeder gläubige Christ und Katholik glauben muß, habe ich tatsächlich hinsichtlich des Begriffs Person des Sohnes und des Heiligen Geistes gezweifelt, weil ich diese beiden Personen nicht als vom Vater verschieden verstand, es sei denn in der Weise, wie ich früher gesagt habe, philosophisch gesprochen, indem ich den Intellekt des Vaters dem Sohn und die Liebe dem Heiligen Geist zuerkannte, ohne diesen Begriff ‚Person' anzuerkennen, der bei dem Heiligen Augustinus als nicht antiker sondern neuer und zeitgenössischer Name bezeichnet wird. Und diese Meinung habe ich, seit ich 18 bin, bis heute beibehalten. Allerdings habe ich tatsächlich niemals geleugnet, noch gelehrt oder geschrieben, sondern – wie gesagt – nur bei mir gezweifelt ... Ich habe alles, was jeder gläubige Christ glauben und von der ersten Person für wahr halten muß, geglaubt und unzweifelbar festgehalten ... Was die zweite Person angeht, sage ich, daß ich wirklich angenommen habe, daß sie im Wesen eins ist mit der ersten und ebenso mit der dritten Person. Denn da sie dem Wesen nach ununterschieden sind, können sie keine Ungleichheit erleiden, so daß alle Eigenschaften, die dem Vater zukommen, auch dem Sohn und dem Heiligen Geist zukommen. Nur habe ich gezweifelt, wie diese zweite Person Fleisch geworden (inkarniert) sei und gelitten haben kann; aber – wie gesagt – das habe ich nie bestritten, noch gelehrt." (P 170)

Aber gewiß hat er geleugnet, und jahrelang an der Trinität und an der Inkarnation gezweifelt zu haben, ist aus katholischer Perspektive an sich schon schlimm genug. Und die entscheidenden philosophischen Positionen Brunos werden im Gegensatz zu elementaren Doktrinen der Gegenreformationstheologie stehen. Es hilft auch nicht, daß Bruno sich in diesem Dokument auf eine Unterscheidung zwischen „theologischer" und „philosophischer" Redeweise beruft: Schon diese Berufung bezieht eine Position, die für die christliche und speziell für die katholische Theologie inakzeptabel war. Denn seit dem Aufkommen des sogenannten weltlichen Aristotelismus im Mittelalter, genannt sei vor allem Siger von Brabant († 1284), versuchte man von Philosophenseite, theologische Lehrsätze wie etwa die Erschaffung der Welt oder die Unsterblichkeit der individuellen Seele von den philosophischen Einsichten, die ihnen auf der Basis des Aristoteles und rationaler Argumentation widersprachen, abzutrennen. Solche Positionen wurden unter dem Stichwort „doppelte Wahrheit" verhandelt. Falls es stimmt, daß es nur eine Wahrheit gibt, dann ist diese Position entweder paradox oder eine der beiden „Wahrheiten" ist falsch. Betraf dies die Theologie, dann handelte es sich um Ketzerei, betraf es dagegen die Philosophie, dann war damit die Theologie als irrational entlarvt. Also mußte die Theologie die Vernünftigkeit der Inhalte des Glaubens und der Offenbarung aufweisen, und das war die Aufgabe der großen Theologen des Mittelalters, erst recht aber der Katholischen Reform. Im 20. Jahrhundert wird dieses Thema unter dem Stichwort „Glaube und Vernunft" diskutiert. Beides zu vereinbaren bedarf es einer besonderen Hermeneutik und Epistemologie, die Bruno vielleicht suchte, die aber bis heute nicht abschließend entwickelt worden ist. Was in der zitierten Aussage Brunos über seine Glaubenszweifel seit der Studienzeit wie eine Ausflucht aussehen könnte oder wie eine freie Festlegung auf bloße philosophische Positionen, ist also im Horizont der zeitgenössischen Diskussion an sich schon theologisch bedeutsam und aus der Perspektive der Inquisitoren ketzerisch. Wenn Bruno niemals beansprucht hat, ein Theologe zu sein, dann nur in dem Sinne, daß ihm die katholische Theologie seiner Zeit philosophisch gesehen ungenügend erschien, daß er aber auch wußte, daß man eben nicht einfachhin untheologisch philosophieren kann, wenn es um Themen geht, die an den Kern der Lehre von Gott und der Schöpfung rühren.

Da Bruno das Alter von 18 Jahren als Zeitpunkt seiner beginnenden Religionsprobleme angibt, fand sein erster Zusammenstoß mit den Oberen schon zu Beginn seiner Studienzeit statt. Das Verfahren wurde wiederaufgenommen (P 157), so daß der junge Mönch 1576 nach Rom reiste, um sich dort zu rechtfertigen, wobei er in dem berühmten Kloster seines Ordens Santa Maria sopra Minerva Unterkunft nahm, wo wiederum auch Thomas von Aquin eine Zeitlang gelebt hatte. In Rom angekommen erfuhr er, daß man Bücher gefunden hatte, die er vor seiner Abreise versteckt hatte, nämlich Werke von Chrysostomos und Hieronymus mit (jedoch ausgestrichenen) Anmerkungen von Erasmus von Rotterdam (Abb. in Peregrinatio 70–73). Bei dem Buch von Hieronymus könnte es sich auch um den Text der *Leben der Heiligen Väter* handeln, den er zuvor einem Mitbruder zum Lesen empfohlen hatte. Denn eine ähnliche Schrift war unter dessen Namen im Umlauf; Werkausgaben dieses Kirchenvaters waren jedenfalls auf dem Markt, aber seit den beginnenden 60er Jahren war den Dominikanern in Neapel ausdrücklich verboten, die Kirchenväter in den Ausgaben von Erasmus zu lesen; zugleich waren sie auf die Theologie des Thomas von Aquin festgelegt worden.

Bruno hatte mit der Lektüre solcher Bücher nicht nur formal gegen Bestimmungen verstoßen, sondern wiederum eine gefährliche Position bezogen. Die griechischen und lateinischen Kirchenväter waren infolge des Interesses der Humanisten im 14. und 15. Jahrhundert aktuell geworden. Zunächst einmal galten sie, angeführt durch Augustinus, als antike Autoritäten, die die Eleganz des griechischen und lateinischen Stils mit christlicher Lehre verbanden. Sie waren somit ein willkommenes Korrektiv zu den heidnischen Philosophen und Dichtern. Nun erfaßte die im 15. Jahrhundert entwickelte Technik der Klassischen Philologie auch die Texte der Heiligen Schrift, woran Erasmus von Rotterdam besonderen Anteil hatte. Eine Folge – in Verbindung mit neuen Formen von individueller Frömmigkeit – war das konzentrierte Interesse an der Heiligen Schrift als der einzigen Quelle des

Glaubens (*sola scriptura*), wie dies in den verschiedenen protestantischen Reformbewegungen propagiert wurde. Die Kirchenväter gerieten hierdurch in eine paradoxe Rolle: Sie waren vorscholastische Autoritäten für die Wahrheit des christlichen Glaubens, unabhängig von mittelalterlicher scholastischer Theologie, sie waren Zeugen der Kontinuität (Tradition) der christlichen Lehre von den Evangelien bis zur Gegenwart, sie vertraten untereinander abweichende theologische Lehren, da sie es ja waren, die die Evangelien in eine wissenschaftliche Theologie transformiert hatten – d.h., sie wurden schließlich ein Zankapfel zwischen den im 16. Jahrhundert sich trennenden Konfessionen. Auch wenn der Einfluß Erasmus' auf Brunos polemischen Stil unverkennbar ist und dieser zugleich ein Modell humanistischer Wortfuchserei gewesen sein kann, so ist doch dessen reformatorische Theologie beim Nolaner schwer zu fassen. Deshalb mag es hier genügen festzustellen, daß Brunos Umgang mit solchen Ausgaben der Kirchenväter für den Orden als Indiz für seine heterodoxe Einstellung gelten konnte.

Ein anderer Verdacht war allerdings sehr viel schwerwiegender, nämlich der, die Häresie des Arius zu verteidigen. Das dogmatische Problem der arianischen Häresie, die bereits auf dem Konzil von Nicäa (325) verboten worden war, kann der Angeklagte sehr präzise darlegen:

„Gemeinhin nimmt man an, Arius habe sagen wollen, daß das Wort die erste Schöpfung des Vaters sei, ich aber habe erklärt, daß Arius das Wort weder Schöpfung, noch Schöpfer nennt, sondern Mittleres zwischen Schöpfer und Schöpfung, so wie das Wort in der Mitte zwischen dem Redenden und dem Gesagten ist. Und deshalb werde es das Erstgezeugte vor allen Kreaturen genannt, nicht ‚aus dem', sondern ‚durch das hindurch' jedes Ding geschaffen worden ist, nicht ‚zu dem', sondern ‚durch das hindurch' sich jedes Ding zum letzten Ziel wendet und zurückkehrt, nämlich dem Vater. Dabei habe ich mich ereifert. ... Und hier in Venedig – erinnere ich mich noch – habe ich gesagt, daß Arius nicht sagen wollte, daß Christus, also das Wort, Geschöpf sei, sondern Vermittler in der erwähnten Weise." (P 171)

Noch vor den venezianischen Inquisitoren, aus deren Akten wir diese Information beziehen, scheint der Angeklagte nicht glauben zu wollen, daß das Abweichen von der scholastischen Methode an sich schon häretisch sein kann, daß Experimente mit der kanonisierten Dogmatik und Rückgriffe auf historische Stadien der Dogmengeschichte in der heißen Zeit der Gegenreformation für den katholischen Glauben und für die Rechtgläubigkeit gefährlich sind. Unabhängig davon, ob diese Interpretation des Arianismus historisch richtig ist, war offenbar schon die Tatsache verdächtig, daß Bruno sie in einer differenzierten Interpretation zu würdigen versuchte. Denn in Neapel wie in ganz Europa waren mit den Studien der Kirchenväter und der Diskussion um die richtige Interpretation des Wortlautes der Bibel auch spätantike bzw. frühchristliche Häresien wieder in Schwung gekommen, darunter auch verschiedene Versionen des Arianismus, die – grob gesagt – auf eine Ablehnung der Lehre von der Dreifaltigkeit und der Menschwerdung des Sohnes Gottes hinauslaufen. Deshalb war die wohlwollende Interpretation eines Häretikers wie Arius nicht nur für Bruno aufregend, sondern brachte auch seine Zuhörer in Aufruhr, wie er weiter berichtet. Denn sein Argument war, die Häretiker seien nicht schon deshalb „dumm, weil sie nicht in scholastischen Begriffen argumentierten", sondern „gerade so, wie es die alten Kirchenväter der heiligen Kirche getan haben", könne man doch sehr wohl das Verhältnis von Gottvater und Sohn in „anderen als scholastischen Begriffen darstellen". „Da sprangen diese Patres auf und sagten, ich verteidigte die Häretiker und halte sie für gelehrt!" (P 191) Dogmatisch ging es also um das Verhältnis der drei Göttlichen Personen, hermeneutisch um die Frage, ob man die christliche Lehre in verschiedenen Terminologien zum Ausdruck bringen könnte – aber diese letztere Frage verstieß gegen die „political correctness", denn um der Einheitlichkeit der christlichen Lehre willen tendierte die dogmatische Theologie zu genauen, unmißverständlichen Formeln, so daß abweichende Terminologien gewissermaßen mit Tabus belegt wurden. Der Wechsel philosophischer Sprachen wurde später eines der Kennzeichen der Brunoschen Philosophie und macht die Interpretation seiner Schriften schwierig.

II. Auf der Flucht ins Exil – Norditalien, Genf, Toulouse: Astronomie als Broterwerb

Brunos Reise nach Rom wird zur Flucht. Bei einer ersten Durchreise soll er dem Papst ein Buch mit dem Titel *L'Arca di Noè* gewidmet haben. Nun geht das Gerücht, er habe bei diesem Aufenthalt einen Denunzianten in den Tiber geworfen haben – leider gibt es für beide Ereignisse keine Belege (vgl. Vita 151 ff., 263 bis 265). Im *Aschermittwochsmahl* erwähnt der Verfasser, daß es sich bei der *Arche Noah* um eine Satire handelte, in der unter anderem die Esel um ihren Vorrang besorgt waren (DI 79 f.). Seine Versuche, sich in Rom zu rehabilitieren, haben offenbar nicht gefruchtet. Vielmehr legte der Mönch sein Habit ab und reiste nach Norden. Offenbar suchte er Unterschlupf in verschiedenen Dominikanerhäusern, die er während seiner Studienzeit kennengelernt hatte, und dort riet man ihm, auch weiterhin als Dominikanerpater aufzutreten, denn die Zugehörigkeit zu irgendeiner berufsständischen oder sozialen Gruppe war überlebenswichtig.

In Venedig, so gibt er an, veröffentlichte er eine Schrift mit dem Titel *De segni de' tempi* (*Die Zeichen der Zeit*), die ebenfalls nicht erhalten ist. Auch hier kann man über den Inhalt spekulieren. Es kann sich um eine astronomische oder kosmologische, aber auch um eine geschichtsphilosophische und zugleich kosmologische Schrift gehandelt haben, denn der Titel spielt auf zwei Bibelstellen an, wonach Gott die Zeichen der Zeit kennt, Vergangenheit und Zukunft offenbart und geheime Anzeichen enthüllt (Sir 42, 19), und Jesus die Jünger auffordert, den Himmel in Hinsicht auf das Heilsgeschehen zu betrachten (Mt 16, 4). Verknüpfungen dieser Art wird man häufig in Brunos Schriften finden, auch in der ersten lateinischen veröffentlichten Schrift *De umbris idearum*. Er erläutert, daß er diese Schrift um des Geldes willen hat drucken lassen, und die Suche nach einer beruflichen Anstellung trieb ihn auch weiter durch Norditalien. Zwischen 1576 und 1578 hielt er sich unter anderem in Noli, Savona, Turin, Venedig, Padua, Brescia, Bergamo und Mailand auf. Zeitweise unterrichtete er Kinder oder hielt Vorträge über die *Sphäre*, d.h. vermutlich Grundkurse in Astronomie in Anlehnung an das gebräuchliche Lehrbuch *Sphaera* von Johannes von Sacrobosco. Dann machte der Flüchtling, der nun im Begriff war, ein „fahrender Ritter der Philosophie" zu werden, wie ihn später Pierre Bayle bezeichnete, sich in Richtung Lyon auf (ob er dort angekommen ist, ist unklar), verweilte kurz in Chambéry in Savoyen und fand schließlich eine Anstellung als Korrektor in einer Druckerei in Genf.

Von der Zentrale der Dominikaner und der ganzen katholischen Kirche in Rom gerät der Abtrünnige in den Vatikan des Calvinismus. Genf beherbergte damals eine kleine Kolonie von italienischen Auswanderern, die aus ähnlichen Gründen wie Bruno ihre Heimatstädte hatten verlassen müssen. Mit dem Calvinismus könnte Bruno wegen der gemeinsamen ablehnenden Haltung gegenüber der Heiligenverehrung sympathisiert haben. Die Prädestinationslehre bzw. die allgemein protestantische Gnadenlehre, wonach das Seelenheil des Menschen ausschließlich von Gottes Vorherbestimmung, jedenfalls aber von seiner Gnade abhängt, lehnte Bruno jedenfalls später eindeutig ab, indem er die Bedeutung von „guten Werken", zumindest hinsichtlich der sozialen Bedeutung der Religion, für unverzichtbar hielt. Seine Kritik der damaligen christlichen Religion erfaßte jedenfalls auch deren calvinistische Variante. Es scheint, daß 1579, als Bruno zu den italienischen Dissidenten in Genf stieß, sich auch dort Antitrinitarier aufhielten, und dies, obwohl 1553 in dieser Stadt der Spanier Michael Servet als Ketzer verbrannt worden war, nicht ohne Zutun von Johannes Calvin. Servet wird als Begründer des neuzeitlichen Antitrinitarismus angesehen, der unter Bezug auf die protestantische wörtliche Auslegung der Bibel darauf bestand, daß die Lehre von den drei Personen in einem Gott in der Bibel nicht belegt sei. Eine Reform des Christentums, auch der christlichen Gemeinden, war für ihn nur durch eine Rückkehr zum ursprünglichen Lehrgut der Bibel möglich. In seiner Reformabsicht traf er sich mit Calvin, in der Theologie stieß er mit ihm zusammen. Dieser hatte 1541 in Genf mit einer strengen Kirchenordnung ein theokratisches Regiment errichtet. 1559 gründete er eine Akademie (Universität), deren Rektor der bedeutende Theologe Theodor Beza, in der Kirchenleitung Genfs auch Nachfolger Calvins, wurde. Die ideologische Richtung, in die der Exilant sich wandte, ist in jenen Jahren eindeutig. Lyon war in den 30er Jahren eine Zufluchtsstätte sowohl von Calvin als auch von Servet gewesen. In Genf hatte sich zeitweise der Antitrinitarier Lelio Sozzini aufgehalten, der zusammen mit seinem Verwandten Fausto Sozzini (sie stammten beide aus Siena) Namensgeber der europäischen, antitrinitarischen bzw. unitarischen Bewegung, „Sozinianismus", geworden war.

Brunos Wunsch, in dieser Stadt „in Freiheit und Sicherheit" zu leben (P 160), ging allerdings nicht in Erfüllung. Am 20. Mai 1579 schreibt er sich in der Genfer Akademie ein, natürlich nicht mit seinem Ordensnamen Giordano, sondern mit seinem Taufnamen Philippus und mit der Berufsbezeichnung „sacrae theologiae professor". Dort hatte ein Schützling Theodor Bezas, Antoine de La Faye, das Sagen. Im August 1579 läßt Bruno ein Blatt drucken, in dem er dem Philosophieprofessor de La Faye zwanzig Irrtümer nachweist (Vita 632f.). Worin diese Fehler bestanden haben mögen, wissen wir nicht. Sicher ist, daß die Genfer Philosophie auf Aristoteles eingeschworen war und daß Bruno im höchsten calvinistischen weltlichen und geistlichen Gremium, dem Konsistorium, der Prozeß gemacht wurde, der mit einer Entschuldigung seitens des Italieners und mit seiner Abreise endete.

Über Lyon begibt sich Bruno nach Toulouse. Dort bleibt er zwei Jahre, eine verhältnismäßig lange Zeit auf seiner Irrfahrt. Zunächst hält er sich dort wieder mit Vorlesungen über die *Sphäre*, also über Astronomie, über Wasser, nach einem halben Jahr bekommt er eine Stelle als Professor an der Universität in Toulouse. Dort hält er unter anderem Vorlesungen über die Schrift *De anima* des Aristoteles, was er gelehrt hat, wissen wir nicht, die Kommentierung dieses Textes gehörte zum Grundkurs in Philosophie und konnte auf vielfältige Weise erledigt werden. In Toulouse trifft der Italiener auch den portugiesischen Exilphilosophen Francisco Sanches († 1623), der ihm ein Exemplar seines Buches *Quod nihil scitur* (*Man weiß nichts*) herzlich widmete, ein Freundschaftszeichen, das der Empfänger hoffentlich ohne Wissen des Schenkenden mit einer handschriftlichen Notiz quittiert: „Erstaunlich, daß dieser Esel sich Doktor nennt" (Peregrinatio 86f.). Das Stichwort Esel verrät, daß Bruno diesen Skeptiker, der wie so viele Renaissanceautoren die aristotelische Autorität attackierte, zu den Philologen zählte, deren rein rhetorisch orientierte Wissenschaftsauffassung er zeitlebens ablehnte.

Nun befand sich der Abtrünnige der katholischen wie der calvinistischen Konfession mitten in Frankreich, das in der zweiten Hälfte des 16. Jahrhunderts von Glaubenskriegen aufgewühlt war, vor allem zwischen den reformierten Calvinisten, dort Hugenotten genannt (eine Verballhornung von „Eidgenossen"), und Katholiken. Katharina de' Medici, die französische Königin († 1589), ließ sich hinreißen, gemeinsam mit dem Herzog Heinrich von Guise († 1588), dem Führer der französischen „Liga" gegen die Hugenotten und die Machtansprüche des Königs, ein Massaker an Hugenotten anzustiften, die sogenannte Bartholomäusnacht am 24. August 1572, in der unter tausenden Sympathisanten des Calvinismus auch der Philosoph Petrus Ramus umgekommen war. Zwar war Toulouse, das im großen ganzen als katholisch galt, gegenüber den Inquisitoren für Bruno eine gute Adresse, doch war es immer auch ein Nest von Dissidenten gewesen. Bald geht er nach Paris, weil in Toulouse wieder einmal Kriegshandlungen zwischen Hugenotten und Katholiken ausbrechen.

III. Paris: Erfolge mit der Gedächtniskunst

Paris bot ein breitgefächertes Milieu von kulturellen und intellektuellen Gruppen an. Hier war in einem kleinen konspirativen Zirkel frommer Spanier der Jesuitenorden entstanden, und das Universitätsleben fand in zahlreichen Kollegien statt. Im Sommer 1581 traf der Philosoph ein und hielt Privatvorlesungen über die Gedächtniskunst und angeblich dreißig Lektionen über die Prädikate Gottes. Der Inhalt dieser Vorlesungen wird gleich klar, wenn man die Zahl 30 beachtet, die in zahlreichen seiner systematischen Schriften vorkommt und, allgemein gesagt, die Entfaltung von metaphysischen Begriffen auf 30 Ebenen in 30 Stadien auf 30 Feldern entwickelt. Wenn Bruno diese Vorlesung, die, wie zu zeigen sein wird, auch mit der Gedächtniskunst in Zusammenhang steht, als Vorlesungen über die Prädikate Gottes bezeichnet, so mag er den Eindruck machen wollen, es handle sich um ein Thema der philosophischen Theologie. Gleichzeitig aber kann ein solches Thema leicht pantheistisch aufgefaßt werden, wenn nämlich die Prädikate Gottes die Entäußerung des höchsten Prinzips in der endlichen Welt bezeichnen sollen. Das ist auch dann möglich, wenn man Bruno im Inquisitionsprozeß glaubt, diese dreißig Prädikate aus der *Summa Theologiae* des Thomas von Aquin bezogen zu haben (P 161). Daß seine Vorlesungen mit Gedächtniskunst zu tun hatten, sieht man an dem Erfolg: König Heinrich III. von Frankreich soll Bruno nach den regelmäßig stattgefundenen Vorlesungen zu sich gerufen haben mit der Frage, ob das Gedächtnis, das der Italiener habe, natürlich oder auf Magie gegründet sei (P 161). So wie der Angeklagte den Zusammenhang schildert, ist seine erste veröffentlichte lateinische Schrift *De umbris idearum* ein Ergebnis jener Vorlesungen, die er König Heinrich widmete (P 162).

Die Gedächtniskunst (Mnemotechnik, ars memoriae) war ein Modethema der Renaissance. Sie hatte ihren ursprünglichen Sinn – in einem Zeitalter, in dem das gesprochene Wort nicht vom Blatt gelesen wurde – in der Rhetorik. Vor allem die antiken Autoren Cicero und Quintilian hatten Regeln aufgestellt und Empfehlungen gegeben, wie man dem Gedächtnis bei rhetorischen Anlässen, d.h. vor allem in der Rede vor Gericht und der dazugehörigen Diskussion, nachhelfen kann. Die Technik bestand vereinfacht darin, sich beim Memorieren des Redetextes ein System von Örtern, zum Beispiel ein Haus, vor Augen zu halten und die Teile der Rede an diesen Örtern (griechisch: topoi, lateinisch: loci) festzumachen. Beim Vortrag der Rede mußte der Redner sich dieses System von Örtern, also etwa das Haus, wieder vor Augen stellen und konnte auf diese Weise die Rede im richtigen „Zusammenhang" abrufen, ja er konnte sogar im Laufe der Diskussion gegnerische Argumente an den rechten Ort seines eigenen Argumentationszusammenhangs plazieren und von da aus seine Gegenargumente formieren. Insoweit handelt es sich um eine schlichte psychologische Technik, die darauf basiert, daß die Assoziation nicht von den tatsächlichen Inhalten der Rede abhängig ist, sondern von dem sinnlich vorgestellten Zusammenhang der Topik. Das topische System unterstützt die Geistesgegenwart des Sprechers unabhängig davon, ob ihm auch in der Sache am rechten Ort das richtige Argument einfällt. Dieses rhetorische Hilfsmittel hat zwei interessante philosophische Aspekte. Einmal wird die innere Struktur der Rede von dem sachlichen Inhalt abgetrennt. Es wird also vorstellbar, daß gedankliche Inhalte eine Verknüpfung haben, die nicht davon abhängt, daß die Inhalte auch tatsächlich gedacht werden. Andererseits aber verselbständigt sich so etwas wie eine Struktur, ein Zusammenhang, und zwar ein solcher, der an sich allgemein ist und hinter oder über den Dingen besteht. Die Mnemotechnik handelt also von einer universalen Struktur und dies im Hinblick auf das Funktionieren der psychischen Tätigkeit des Menschen: wenn man so will, von Metaphysik und Erkenntnis.

Eine universale Theorie – basierend auf der Einheit des Geistes in der Vielfalt seiner Äußerungen – machte Bruno aus der Gedächtniskunst. Eine wichtige technische Neuerung, die der Nolaner dem französischen König in *De umbris* anbietet, besteht in einem neuen System zur Fixierung von Wörtern mittels Buchstabenkombinationen und Bildern. Hierfür sei ein Aspekt herausgegriffen, der von Rita Sturlese rekonstruiert worden ist, nachdem die Originalausgabe entstellende Druckfehler enthält. Man konstruiere fünf konzentrische, unabhängig drehbare Ringe, die jeweils in dreißig Felder eingeteilt sind; in jedes Feld werden Silben eingetragen, die aus einem Konsonanten und einem Vokal bestehen. Also BA, BE, BI, BO, BU, CA, CE usw. Jedem der fünf Ringe entsprechen Stufen ähnlich wie in einem Satz, d.h. dem ersten Ring ein Agens, Handelndes, dem zweiten Ring eine Actio, Tätigkeit, dem dritten Insigne, eine Bezeichnung oder ein Attribut, dem vierten Adstans, etwas Zugehöriges, dem fünften Circumstantia, ein weiterer Umstand. Jeder einzelnen Silbe ist ein konkretes Bild, eine konkrete Eigenschaft usw. zugewiesen. Soll nun ein Wort memoriert werden, so werden die Silben zusammengestellt, und aus den ihnen zugehörigen Bildern, Tätigkeiten, Eigenschaften usw. wird ein Satz geformt, der ein Gesamtbild ergibt. Sturlese nimmt das Wort NUMERATORE als Beispiel: Aus der von Bruno vorgeschlagenen Methode ergibt sich in diesem Falle die Zuordnung NU = Apis (Der Begründer der Medizin) ME = mit Teppich, RA = beweint, TO = gefesselt, RE = eine Frau auf einer dreiköpfigen Hydra. Daraus ergibt sich das in einem Satz formulierbare Bild: Apis webt einen Teppich mit Lumpen gekleidet und an den Füssen gefesselt, im Hintergrund eine Frau auf einer dreiköpfigen Hydra (U S. LXV). Das bedeutet, jedes zu merkende Wort kann in ein Bild zusammengefaßt werden, wobei ähnliche Wörter, d.h. solche aus vorwiegend gemeinsamen Silben, auch ähnliche Bilder erzeugen.

Im Prinzip baut Bruno damit auf vorhandenen Lehrbüchern der Gedächtniskunst auf, die vor allem am Ende des Mittelalters und in der Renaissance en vogue waren, sei es zum Zweck der politischen oder juristischen Rede, sei es auch zur Organisation von Wissen, etwa in der Medizin. Das besondere an Brunos System ist, daß die Bilder, die den Silben oder den ganzen Worten zugeordnet werden, von vornherein keinen assoziativen Zusammenhang mit den zu memorierenden Wörtern haben. Ein weiterer Effekt ergibt sich daraus, daß durch das Drehen der konzentrischen Ringe Sätze und somit komplexe Bilder erzeugt werden können, denen kein wirkliches Wort entspricht, über dessen Sinn aber durch die Verwandtschaft mit ähnlichen existierenden Wörtern, Bildern und Sätzen spekuliert werden kann. Die Herstellung von solchen komplexen Wortbildern hat also einen kreativen und einen ästhetischen Aspekt, abgesehen vom technischen Aspekt, den wir nach 400 Jahren weiterer Entwicklung der Schriftlichkeit und der Wissensorganisation nur hinnehmen können. Für die Buchstaben dieser und anderer Ringe in *De umbris idearum* verwendet Bruno die 23 Buchstaben des lateinischen Alphabets, hinzu nimmt er aus dem griechischen Alphabet Ypsilon, Phi, Omega und Theta, schließlich aus dem hebräischen Alphabet Aleph, Zade und Schin. Durch Hinzufügung dieser sieben Buchstaben zum lateinischen Alphabet können nach Brunos Meinung praktisch alle Wörter dieser drei heiligen und der von ihnen abgeleiteten Sprachen gebildet werden, weil die übrigen Buchstaben des griechischen und hebräischen Alphabets Äquivalente im Lateinischen haben. Auf diese Weise gibt Bruno eine technische Rechtfertigung für seine Bevorzugung der Zahl 30 in allen seinen kombinatorischen Schriften vom Anfang bis zu den letzten, selbst wenn dort nicht von Gedächtniskunst, sondern von Stufungen des Seins, von Kosmologie und dergleichen die Rede ist. Soweit ein technisches Beispiel aus dieser Schrift.

Damit ist ihr Inhalt aber keineswegs erschöpft, denn sie besteht aus verschiedenen Teilen; ein großer und wichtiger Teil davon befaßt sich mit der Psychologie des Gedächtnisses und mit einer metaphysischen Begründung. Die von Bruno in mehreren Durchgängen geschilderte Technik, Bilder zu produzieren, die ihrerseits Buchstaben und Wörter repräsentieren, sieht vielleicht wie ein kompliziertes Hilfsmittel aus, verbale Äußerungen zu erinnern, womöglich sogar zu konstruieren, dessen Brauchbarkeit man dem Praktiker zur Beurteilung anheimstellen möchte. Der Philosoph jedoch fragt sich, was das ist, was dort hergestellt wird: Gibt es das wirklich? Und wenn ja, worin besteht die Leistung dieses Herstellens? Was ist das, was der menschliche Geist tut, wenn er Begriffe und Bilder aus sich heraus produziert? Der Verstand verknüpft eine Grundlage mit einer Form mittels eines Organs (U 77), wie bei einem innerlichen Malen, denn auch das Schreiben ist ein innerliches Verknüpfen von Wörtern, Zuordnen von Zeichen und Buchstaben (U 75). Soweit sind die mnemotechnischen Bilder Phantasieprodukte im umgangssprachlichen Sinne. Nun ergibt sich aber für Bruno die Parallele, daß dieses Herstellen von Bildern und Kombinieren von Zeichen und Bedeutungen parallel zu dem verläuft, was die Natur selbst tut.

Natur bedeutet hier allerdings nicht im Sinne des Aristoteles jene äußere Gegebenheit, die wir mit den Begriffen Materie und Form beschreiben, sondern eine innere Kraft, die das, was ist, formt, die sich in den sichtbaren Dingen „konkretisiert". An dem Beispiel eines klassischen aristotelischen Begriffs: Die Natur des Menschen ist nicht ein logischer Begriff, der von diesem und jenem Menschen ausgesagt werden kann und in diesem Sinne aus der Perspektive des Individuums eine äußere Vergleichbarkeit ist (moderne Metaphysiker würden das eine allgemeine Eigenschaft nennen), sondern wie Bruno sich ausdrückt, „etwas Physisches, das sowohl in allem, als auch in den Einzelnen zusammengezogen ist" (er benutzt hier den Begriff *contractum*; U 70). Sogleich geht es nicht nur um die Natur des Menschen, sondern um die Natur überhaupt, nicht irgendein Prinzip, sondern das universale Prinzip: „Die Natur ist es, die den Seelen die Körper anpaßt. Die Natur stellt den Seelen die angemessenen Werkzeuge zur Verfügung ... Die Natur selbst ist dir in allem gegenwärtig" (U 68f.). Wenn man sich also von dem Bild einer Kunst freimacht, die von außen an einem Material arbeitet, und sich Kunst als eine von innen heraus, aus dem Material die Form schaffende Tätigkeit vorstellt, dann ist „die Kunst nichts anderes als eine Fähigkeit der Natur, die mit dem Verstand verwandt ist" (U 67).

Damit ist jedoch noch nicht das Argument beseitigt, daß die in der Mnemotechnik produzierten Bilder reine Phantasiegestalten sind. Nun gilt aber auch, daß nach Bruno das Bild ein Erkenntnismittel ist, und ein Bild bedeutet „die Repräsentation der erkannten Sache, soweit sie ihr aufgrund einer Verwandtschaft mit dem Erkennbaren zusteht, und ein spirituelles und nicht materielles Sein, wonach es im Erkennenden existiert" (U 59). Diesen Gedanken des Bildes (*species*) hat der Dominikanerzögling wortwörtlich von Thomas von Aquin abgeschrieben (Qu. de veritate III 1 ad 2), er verwendet ihn jedoch, um die Produktivität des Verstandes unter Beweis zu stellen, wobei er voraussetzt (gegen seinen Lehrer), daß dieses geistige, nicht-materielle Sein eine fortbestehende Eigenständigkeit hat, nämlich im Sinne dieser wirksamen Natur. Wenn man also will, daß die Phantasiegebilde der Mnemotechnik nicht bloße Chimären sind, muß man unter Beweis stellen, daß die bildlichen Produktionen des Verstandes Realitäten sind. Da es aber unzweifelbar Unterschiede zwischen realen Dingen, wie etwa einzelnen Menschen oder Seelen, und dem gesamten Naturablauf gibt, muß man darstellen, daß diese Unterschiede im Sein nichts anderes als graduelle Unterschiede sind, Unterschiede in den Stufungen des Seins. Und genau mit dieser Stufung des Seienden, einer Hierarchie, operiert Bruno in *De umbris idearum* vom Anfang her.

Umbra, der Schatten, ist ihm das Bild für die Verschiedenheit und zugleich Verbundenheit der verschiedenen Stufen des Seins, um die es der Erkenntnis und auch dem Gedächtnis zu tun ist. Schatten ist daher nicht einfach Dunkelheit, Finsternis, Unerkenntlichkeit, sondern Anzeichen, eventuell letztes Anzeichen von Licht. „Die Natur erlaubt keinen direkten Fortschritt von einem Extrem zum anderen (vom höchsten Prinzip bis zu den niedrigsten Einzelheiten), sondern bedient sich der Vermittlung der Schatten und abgeschatteten Lichtes." (U 36) „Der Schatten gehört nicht zur Finsternis, sondern ist eine Spur des Finsteren im Licht oder eine Spur des Lichtes in der Finsternis oder Teilhaber von Licht und von Finsternis oder aus Licht und Finsternis zusammengesetzt oder aus Licht und Finsternis gemischt oder keines von beiden und von diesen beiden abgetrennt. Und das letztere, weil es nicht die volle Wahrheit des Lichtes oder weil es falsches Licht ist oder weil es weder wahr noch falsch ist, sondern eine Spur dessen, was wahr oder falsch ist." (U 26) Der Titel dieser ersten veröffentlichten Schrift *Die Schatten der Ideen* verspricht also, daß in ihr die Ideen, d.h. die reinen geistigen Formen – das, was letztlich erkannt werden soll und, wenn es erkannt ist, auch das einzig Wahre ist – in Form von Schatten erkennbar sind, daß also die Dunkelheit menschlicher Erkenntnis nicht zu skeptischer Resignation Anlaß geben soll, sondern Antrieb ist, durch die Schatten zum Licht zu kommen und – was vielleicht noch wichtiger ist – die Schatten, die niedrigeren Grade von Sein und Wahrheit, in ihrem relativen Recht zu erkennen und zu „klären".

Wiederum wird man drängelnd fragen dürfen: Lohnt sich dieser metaphysische Aufwand zur Rechtfertigung einer Technik des Memorierens? Die Antwort ist in der Verwendung der Analogien zu suchen. Wenn es eine Analogie gibt zwischen der Produktion mnemotechnischer Bilder und Begriffe zu der Produktion der Natur von Einzelheiten, die sozusagen eingefrorene Natur sind, wenn also die Bilder, die ein Bruno vorschlägt, ihre Existenzberechtigung ausschließlich aus der Kreativität der Phantasie beziehen und auf dieser Ebene allerdings ihre strikte Logik haben, und wenn schließlich noch die Produktivität der menschlichen Phantasie ihre Existenzberechtigung daraus hat, daß die menschliche Phantasie ein Produkt der geistig und vielleicht auch intelligent wirkenden Natur ist – dann müßte es doch möglich sein, mit Hilfe des Verstandes sozusagen hinter die Kräfte der Natur zu kommen, um mit demselben Recht und mit derselben Macht wie die Natur Dinge zu produzieren, die dann wirklich, weil natürlich sind. Wenn man also die Analogie aus einem bloßen Vergleich überführt in eine Gleichheit in der Natur selbst, eröffnet sich auf einmal die phantastische Aufgabe, nicht nur Phantasieprodukte, sondern Wirklichkeit herzustellen. Das ist die Idee der Magie.

Eine etwas bescheidenere Variante lautet so: Der Produzent mnemotechnischer Bilder, mit deren Hilfe er auf einer parallelen Ebene die Sachinhalte seiner Argumentation oder seiner Begriffe zusammenfaßt, ist nicht nur Schöpfer seiner Bilder und Garant des Zusammenhangs seines Gedankens. Er kennt auch diese Bilder, weil er sie selber geschaffen hat. Nun mag es sein, daß er niemals auf die Höhe der Natur im Sinne einer universalen geistigen Kraft gelangt, um mit ihr oder an ihrer Stelle wirken zu können, aber es müßte doch möglich sein, die geistige Struktur, die spezifische Weise, in der die Natur operiert, schafft, steuert und sich äußert, zu erkennen, weil ja der menschliche Geist von einer ähnlichen Natur ist und deshalb auf einer analogen Ebene operiert. Wenn also die äußerlich sichtbare Natur nicht von einem Schöpfer, der außerhalb von ihr steht und auf sie von außen einwirkt, sondern von einer Kraft geformt, vereinzelt, endlich gemacht und gestaltet wird, die innen in den Dingen steckt, und wenn der menschliche Geist selbst solch ein inneres Prinzip ist, dann müßte es mindestens möglich sein, wenn schon nicht so zu schaffen wie die Natur und mit der Natur, doch wenigstens aufgrund der Verwandtheit der geistigen Strukturen, die Wirklichkeit zu erkennen, wie sie „wirklich" ist, indem man eben diese wirksamen Prinzipien der Natur erkennt. Das ist die Aufgabe der Kosmologie oder allgemein der Naturphilosophie.

Diesem Lehrbuch der Gedächtniskunst und dem einleitenden Teil, der die psychologische und metaphysische Begründung liefert, ist noch ein merkwürdiger Dialog vorangestellt, in dem einerseits einige Einwände gegen die Gedächtniskunst formuliert werden, etwa der, daß es einfacher sein dürfte, sich die Sachen zu merken, statt der Merkzeichen für die Sachen, in dem aber auch der breitere Anspruch des Buches vorgestellt wird. Die Welt der Dinge und der Erkenntnis, so heißt es dort, sind in einem beständigen Wechsel und gleichzeitig in einer beständigen Dauer begriffen, so daß der Intellekt auf Beständigkeit, die Sinne aber auf Bewegung aus sind, so wie z. B. die Sonne immer ein und dieselbe ist und bleibt, aber immer wieder anders erscheint und auch immer wieder neues hervorbringt (U 13). Dieses Buch, so heißt es weiter, „über die zur inneren Schrift zusammengezogenen Ideen" (U 14), stellt nicht nur eine schlichte Gedächtniskunst zur Verfügung, sondern eröffnet und führt ein zu einem Weg, zur vielfältigen Erfindung von Fähigkeiten (U 21).

Das Merkwürdige an dieser Einleitung ist, daß die Gesprächspartner dieses Dialoges Hermes, Philothimus und Logifer sind. Logifer („der Sinntragende") ist offensichtlich der Wortführer des Autors, wobei wir durchaus mit Logifer auch Lucifer assoziieren dürfen, jedoch nicht im Sinne des Teufels, sondern im Sinne eines Zitats aus Plotin (VI 7, 1), wo es heißt, Gott habe das Gesicht mit „lichttragenden" Augen versehen, damit sie eine Verwandtschaft mit dem Licht hätten (U 47). Der andere Gesprächspartner ist Philothimus, der Wohlmeinende und in der Regel Stichwortgeber. Der Hauptsprecher nun ist Hermes, und man muß dabei an den ägyptischen Weisen Hermes Trismegistos denken, der, seitdem Marsilio Ficino (1433–1499) das *Corpus Hermeticum*, also die Schriften, die mit diesem Weisen verknüpft sind, aus dem Griechischen ins Lateinische übersetzt hatte, in der gesamten Renaissancekultur äußerst populär war. Der relativ junge Philosoph läßt sein Debütwerk von niemand geringerem als der höchsten christlich-heidnischen Autorität der Renaissance präsentieren.

Der Dialog beginnt mit einem dramaturgisch eindrucksvollen Monolog dieses Hermes: „Fahr nur fort, denn du weißt, daß die Sonne und die Kunst dasselbe sind ..." Und die beiden anderen Sprecher drängen schließlich Hermes, dessen Name auch den Götterboten bezeichnet, das Programm dieser Schrift vorzutragen. Das ist in erster Linie ein hervorragender Public-Relation-Trick. Es weckt die Neugier und hebt den Anspruch der Schrift auf ein allgemeines philosophisches und intellektuelles Niveau, von dem aus der Autor mit Hilfe des Götterboten und antiken Weisen auf die vorhandene Literatur zu diesem Thema von der Antike bis zu seinen Zeitgenossen herabsehen kann. Er steht über solchen Autoren, die „Sätze anderer da und dort zusammensammeln und sich zu den unzähligen Autoren scharen, die für die Nachgeborenen sich mühen, um auf Kosten anderer Unsterblichkeit zu erlangen" (U 20). Vorsätzlich vereinnahmt der Autor alle, die sich mit ihrem eigenen Verstand um die philosophische Betrachtung der Dinge bemüht haben, seien es nun die pythagoreischen Mysterien, die platonischen Überzeugungen oder die aristotelischen logischen Kalküle (U 22), aber er tut das mit der großzügigen Geste dessen, der über all diesem steht. Der Debütant auf der Pariser intellektuellen Bühne beginnt mit einem ungeheuren Anspruch an Authentizität und Autorität, an individuell erkannter und universal gültiger Wahrheit; und diesen Anspruch wird er aufrechterhalten bis zu seinem Ende. Gewiß ist das alles auch Rhetorik, jedoch in dem Sinne, den Rhetorik in der Renaissance hatte, nämlich die Durchsetzung einer durchaus auch rational begründbaren Idee mit bildlichen, literarischen, auch emotionalen Mitteln.

Während der rund zehnjährigen Publikationstätigkeit von 1582 bis 1591 hat der Nolaner zahlreiche Schriften zur Mnemotechnik und Rhetorik veröffentlicht. Außer dem genannten *De umbris idearum* eine *Clavis magna*, auf die er sich immer wieder bezieht, die aber nicht auffindbar ist, fast gleichzeitig mit *De umbris idearum* einen Dialog *Cantus Circaeus* (OL II 1) mit einem Anhang zur Gedächtniskunst sowie eine Schrift *De compendiosa architectura et complemento artis Lullii*, also über die Struktur der lullischen Kunst, sodann zwei zusammengehörige Schriften über die *Dreißig Sigel* (*Explicatio triginta sigillorum* und *Sigillus sigillorum*; alle drei OL II 2) in England 1583, 1586 eine nach mnemotechnischen Prinzipien aufbereitete Darstellung der Physik des Aristoteles (*Figuratio Aristotelici physici auditus*, OL I 4), sodann zwei weitere Schriften zur lullischen Kunst, nämlich *De lampade combinatoria Lulliana* (Wittenberg 1587) und *De specierum scrutinio et lampade combinatoria Raymundi Lullii* (Prag 1588, beide OL II 2). 1587 in seiner Wittenberger Zeit erschien eine Schrift über die Disputierkunst mit dem Titel *De progressu et lampade venatoria logicorum* und schließlich zusammen mit seinen drei großen Frankfurter Schriften auch *De imaginum, signorum et idearum compositione* (beide OL II 3), letzteres eine Schrift über die Technik der Herstellung von Bildern im Sinne der Gedächtniskunst. Auf der Grenze zwischen Gedächtnisrhetorik und Kosmologie liegt die ebenfalls späte Schrift *Leuchte der dreißig Statuen* (*Lampas triginta statuarum*, OL III). Die meisten Schriften reklamieren einen praktischen Sinn, die Technik des Behaltens und Reproduzierens von Wissen; dieser Zweck wurde zumeist gegenüber den Gönnern, angefangen beim französischen König, hervorgehoben. Andererseits kann unter den oben bezeichneten Ansprüchen die Trennung zwischen Theorie und Praxis nicht stark sein, weil sich die Praxis ja auf eine starke platonisierende Theorie stützt, und deshalb sagt Bruno auch gelegentlich, daß „eine solche Unterscheidung nur um des Unterrichts willen" getroffen wurde (OL II 1, 247).

Was der Erläuterung bedarf, sind die Bezüge auf die lullische Kunst. Der katalanische Theologe, Philosoph und Dichter Raimundus Lullus (Ramon Llull, 1232–1316) hatte unter anderem eine Art Universalwissenschaft erfunden, die sich in der Renaissance bis hin zu Gottfried Wilhelm Leibniz († 1716) großer Beliebtheit erfreute, denn es war die Konjunktur der Universalwissenschaften, zu denen auch Bruno beitragen wollte. Llulls Universalwissenschaft, *Ars generalis*, war universal in der Absicht und im Themenbereich. Die Absicht war, ein Instrument zur allgemeinen Wissenschaft bereitzustellen und damit zugleich zur Versöhnung zwischen den Völkern, vor allem aber zwischen den Moslems und den Christen, wenn nicht zur Bekehrung der Heiden, beizutragen. Grundprinzip war eine Art natürlicher Theologie, in der die Betrachtung Gottes durch die Untersuchung und Verbindung seiner einfachen „Namen" bzw. seiner Eigenschaften wie Güte, Größe, Dauer, Macht, Weisheit usw. ermöglicht werden sollte. Gleichzeitig nahm Lullus eine durchgehende Stufung des Wertes der Dinge oder dessen, was es gibt, an: von der unbelebten Materie wie Steinen über den Menschen hinauf bis zu Gott.

Hinzu trat ein drittes Gedankenmodell: Unter der Voraussetzung, daß die Eigenschaften Gottes in schwächerer Form in der Schöpfung zu finden sind und die Schöpfung Äußerung des Wirkens Gottes ist, kommt sowohl Gott als auch allen Dingen eine Wirkungsweise und eine Beziehung zwischen den Dingen zu,

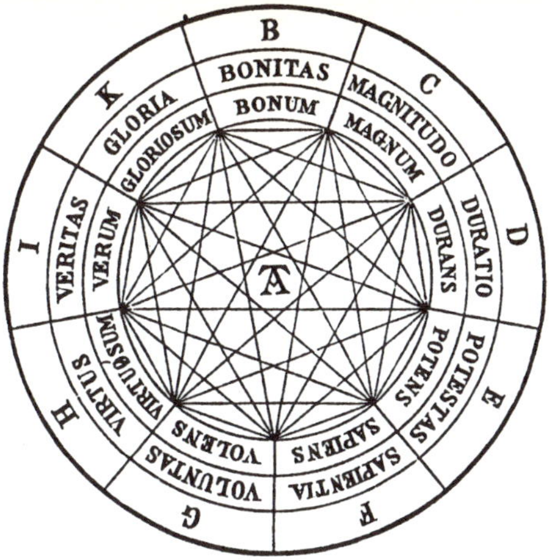

Abb. 1: Die erste der lullistischen Figuren, in der die Verwandelbarkeit aller Eigenschaften Gottes ineinander dargestellt wird: „Die erste Figur stellt die absoluten Prädikate dar und bezieht sich auf alle absoluten Prädikate von allem, die negativ oder zuschreibend, konkret oder abstrakt, austauschbar oder nicht darzustellen sind." Die Linien bezeichnen dabei die Gesamtheit aller möglichen Kombinationen von Eigenschaften. (De compendiosa architectura artis Lullii, *OL II 2, 16)*

die sich mit Blick auf die Dinge als das Streben zur Vervollkommnung, mit Blick auf das Ganze als eine durchgehende Struktur des Seins äußert. Deshalb äußert sich etwa die Wirkung des Guten im Gutmachenden, Gutmachbaren und Gutmachen (bonitas, bonificia, bonificabile, bonificare). Im Rahmen der natürlichen Theologie, wonach alle Eigenschaften Gottes in Gott gleichzeitig präsent und sogar identisch sind, sind alle Prädikate Gottes miteinander gleichwertig und gleichzeitig kombiniert. Folglich besteht die Physik und die Erkenntnistheorie des Lullus darin, die Dinge, die Eigenschaften und die Grade des Seienden als Wirkungen Gottes miteinander zu kombinieren. Hierzu bediente er sich in seinen verschiedenen Schriften variierter Kreismodelle aus konzentrischen Ringen, die gegeneinander gedreht werden konnten und in denen die verschiedenen Ebenen und Eigenschaften mit Buchstaben gekennzeichnet waren.

Es ist offensichtlich, daß Giordano Bruno solche Kreismodelle von Raimundus Lullus oder seinen Nachfolgern übernommen hat. Es ist aber auch leicht erkennbar, daß dieses Lullische Modell konzentrischer Kreise für die Abstufungen der Silbentechnik in *De umbris idearum*, in dem nach der Struktur des grammatischen Satzes aus Subjekt, Prädikat, Eigenschaft und Umständen Bilder erzeugt werden, Vorbild gewesen ist. Ebenso hat auch schon Lullus teilweise den Anspruch erhoben, daß mit Hilfe seiner Kombinatorik nicht nur Wissen reproduziert, sondern auch neu geschaffen werden könne, nämlich durch die quasi mechanische Kombination von Eigenschaften und Sachen in den Ringmodellen. Solche Kreativität ist auch bei Lullus keine Phantasterei, sondern auf der Basis der durchgehenden Logik alles Seienden und allen Denkens eine Teilhabe an der produktiven Kraft der Natur und an Gottes Wirken in allem, auch im Denken. Der Missionsauftrag des Katalanen basierte übrigens nicht auf einem eurozentrischen Dünkel des Christentums, sondern auf der Annahme der anthropologischen Einheit aller Menschen, Heiden wie Christen, und der Zugänglichkeit der Rationalität der Welt für jeden Verstand, sofern die Grenzen der Sprachen und Kulturen mit einem Universalmodell übersprungen werden.

Rund 300 Jahre später war für den italienischen Philosophen die Lullische Kunst eine willkommene Alternative zur aristotelischen Logik, mit der er aufgewachsen war. Deshalb bemüht er sich in verschiedenen seiner mnemotechnischen Schriften, auch diese Logik in die Sprache der aristotelischen Schulphilosophie zu übersetzen und von daher verständlich zu machen. In seiner frühen Schrift *Über die zusammenfassende Struktur und zur Ergänzung der Lullischen Kunst* (*De compendiosa architectura et complemento artis Lullii*, OL II 2) beginnt er deshalb zum Beispiel ganz schulmäßig mit den aristotelischen vier Ursachen, beansprucht dann aber, daß diese „Kunst" noch die klassische Metaphysik übersteigt, insofern sie nämlich „das gedachte Seiende und das wirkliche Seiende umfaßt" (OL II 2, 8).

Der Unterschied zwischen gedachtem und wirklichem Seienden war ein grundsätzliches, von Brunos Zeitgenossen, dem Jesuiten Francisco Suárez (1548–1617), ausführlich diskutiertes Problem der scholastischen Logik und Ontologie. Nach der klassischen aristotelischen Theorie werden die Objekte unseres Wissens aus den Sinneserfahrungen durch die Tätigkeit des Verstandes aufbereitet. Wissen, das diesen Namen verdient, gibt es aber nur, wenn ihm ein „objektives" Sein außerhalb des Verstandes entspricht. Denn, so die scholastische Erklärung, es gibt auch Objekte (Vorgestelltes), die nur im Verstand sind, die also nur im Verstand ein „objektives Sein" haben. Diese methodologisch saubere Unterscheidung zwischen bloß gedachten und wirklichen Dingen kennzeichnet jedoch einen Graben zwischen dem Verstand und der Welt bzw. zwischen dem Wissen und dem, was gewußt ist, der sich im Laufe der Jahrhunderte immer mehr vertiefen sollte und in der Transzendentalphilosophie des Immanuel Kant († 1804) am schärfsten markiert wurde. Er erklärte die äußere Wirklichkeit für schlechterdings unerkennbar, so daß nur „Anschauungsformen" Grundbedingungen und Garanten von Erkenntnis sind. In der traditionellen scholastischen Philosophie galt die Phantasie als ein Durchgangsstadium bei der rationalen Aufbereitung von Sinneseindrücken zu begründetem Wissen.

Für Bruno dagegen sind die Kreationen der Phantasie gleichberechtigte Objekte des Wissens neben den Zeichen für Dinge und abstrakte Begriffe, sofern die Kreativität der Phantasie sich an die innere Struktur der Natur hält. Hierfür nimmt er als Beispiel die von Natur aus innewohnende Feindschaft zwischen Wolf und Lamm, die gleichzeitig eine Verwandtschaft ist, die auch in der äußerlichen Gestalt dieser beiden Tiere zum Ausdruck kommt (OL II 2, 167f.). Hierbei ist es nützlich (und für Skeptiker unterhaltsam) zu wissen, daß es in der Theorie der Magie als bekannte Tatsache gilt, daß eine Trommel, die mit Schafshaut bespannt ist, springt, wenn neben ihr eine mit Wolfshaut bespannte Trommel angeschlagen wird, weil sich auch dann noch die natürliche Feindschaft zwischen diesen beiden Tieren in der Angst des Lamms äußert. Zu Beginn der Schrift über das *Sigel aller Sigel* (*Sigillus sigillorum*, OL II 2; *sigillus* bezeichnet sowohl das Kürzel als auch das Wappensiegel, auf dem sich eine Imprese, die Devise des Inhabers, ausdrückt; letztere verwendete Bruno in den *Eroici furori*), in der das Grundsigel gezeigt wird, in dem alle Wissenschaft, die Kunst aller Künste eingeschlossen ist (OL II 2, 217), heißt es, daß in der Gedächtniskunst die „phantasibilia" – also alles, was Gegenstand der Phantasie sein kann, und das ist wirklich alles – die Samen von allem enthalten (166). Unterscheidet also die klassische Logik, auch der Renaissance, zwischen dem Auffinden, der Anordnung, der Beurteilung und dem Erinnern der möglichen Gegenstände des Wissens, so faßt die Brunosche Kunst alle diese Fähigkeiten in dieser einen Wissenschaft zusammen, so daß nunmehr ein Graben zwischen bloß Wahrgenommenem und wissenschaftlich Gewußtem überbrückt ist. Und da dieses Wissen das Wissen der Wirklichkeit ist, weil es mit den gleichen Kräften produziert worden ist, mit denen die Wirklichkeit hervorgebracht wird, ist auch der Graben zwischen gedachtem und wirklichem Sein – zumindest dem Anspruch nach – überbrückt.

Die figurative Darstellung in Kreisen und Diagrammen, die Bruno teilweise aus der scholastischen Logik, teilweise aus Raimundus Lullus übernommen hat, ist der Ausdruck dafür, daß dieses Spannungsverhältnis zwischen Wirklichkeit und Erkenntnis ignoriert wird. In der Terminologie der klassischen Logik drückt er es so aus (OL II 2, 325): Es gibt generell drei Beweisformen. 1. der Beweis aus der Ursache schlechthin (dies ist aber kein Thema der Wissenschaft), 2. der Beweis aus der Ursache des Seins (*propter quid* – „deshalb") und 3. der Beweis aus der Ursache des Wissens (*quia* – „weil"). Die beiden eigentlich wissenschaftlichen Beweisformen waren im 16. Jahrhundert Gegenstand gründlicher Untersuchungen, allen voran durch den Paduaner Aristoteliker Jacopo Zabarella (1533–1589), und es gilt allgemein als gesichert, daß diese Diskussion letztlich zur neuen wissenschaftlichen Methode eines Galileo Galilei geführt hat (z.B. H. Mikkeli, J. Zabarella, Helsinki 1992). Auch diese Diskussion hat mit der grundsätzlichen Schwierigkeit der Sachhaltigkeit wissenschaftlicher Aussagen im Bereich der Natur zu tun. Bruno übernimmt nun, beispielsweise in seiner hier zitierten *Leuchte Lullischer Kombinatorik* (*De lampade combinatoria lulliana*), den Anspruch, daß die Lullische Beweismethode, die von der inneren Verwandtschaft aller Dinge der Welt und aller Begriffe untereinander ausgeht, den beiden anderen Beweismethoden hinzugestellt, wenn nicht gar übergeordnet werden muß. Die Beweise aus der Seinsursache und aus der Erkenntnisursache unterscheiden sich dadurch, daß die erstere apriorisch und die andere aposteriorisch vorgeht (das Ursachenwissen geht in dem einen Fall der festzustellenden Wirkung voraus, in dem anderen Fall wird die Ursache aus der Wirkung erschlossen). Im Unterschied dazu – so Bruno – werden in der Lullschen Methode die Ursachen und das Wissen zugleich „mitgebracht" (*comportantur*); denn die Beweisführung aus den

Abschattungen der Wirkungsweisen aus dem Wirkenden selbst bietet Ursache und Wissen davon zugleich; Lullus selbst hatte es die Beweisführung „aus dem gleichen bzw. dem vergleichbaren" (*ex aequalibus seu coaequaevis*) genannt, das sich in den genannten Stufungen z.B. des Gutmachenden, Gutmachbaren und des Gutmachens manifestiert (OL II 2, 325).

Wenn man diesen Gedanken nachzuvollziehen versucht, bleibt zwar immer noch die Schwierigkeit, die Gedächtniskunst der Renaissance und speziell die Brunos zu verstehen, allerdings mehr auf einer praktischen, technischen Ebene, wenn man mit der Herstellung von Rädern, Tabellen, Listen und Bildern ringen muß; auf einer allgemeinen zeichentheoretischen Ebene aber muß Brunos Ansatz einleuchten. So sagt er in seiner Schrift *Über die Komposition von Bildern, Zeichen und Ideen* (*De imaginum, signorum et idearum compositione*, OL II 3): „Idee, Vorstellung, Anähnlichung, Zusammenstellung, Bezeichnung und Benennung, das ist im allgemeinen Aufgabe Gottes, der Natur und des Verstandes, und entsprechend der Analogie unter diesen bezieht sich die Natur auf wunderbare Weise auf die göttliche Tätigkeit, während das menschliche Genie – indem es gewissermaßen höhere Ansprüche stellt – die Operation der Natur nachbildet" (OL II 3, 89f.). Man muß jedoch diesen Vorgang der mehrstufigen Nachahmung nicht nur aus der Differenz zwischen den Stufen heraus sehen, sondern auch aus der Verbindung. Die moderne Philosophie, sei es in der Epistemologie, sei es in der Semiotik, hat Instrumente zur Verfügung gestellt, die Leistung der Signifikation der Bilder und generell die Produkte des menschlichen Verstandes als Wirklichkeiten zu denken. Gewiß konnte Bruno nicht solche Absichten haben, weil er nicht die Probleme der nach-rationalistischen Philosophien hat, aber ausgehend von der scholastischen Basis des 16. Jahrhunderts in Verbindung mit alternativen philosophischen Konzepten, darunter das erwähnte lullistische, strebt er nach ähnlichen Ergebnissen.

IV. Nach London: Satire, Metaphysik und Ethik in italienischer Sprache

Noch in Paris veröffentlicht Bruno seine erste Schrift in italienischer Sprache, *Candelaio* (*Kerzenmacher*), auf deren Titelblatt sich der Verfasser als „Bruno Nolano, Academico di nulla Academia, detto il Fastidio“ (Bruno aus Nola, Akademiker keiner Akademie, genannt das Ekel) bezeichnet. Das Stück, das in der Neuzeit gelegentlich aufgeführt wird, ist so witzig, vertrackt, unanständig, vulgär und gelehrt, wie italienische Komödien des 16. Jahrhunderts zu sein pflegen. Man denke nur an die Komödie *Mandragola* des politischen Philosophen Niccolò Machiavelli (1469–1527). Die Hauptpersonen sind ein Verliebter, ein Alchimist und ein Pedant, womit klar ist, daß die Liebe, die Wissenschaft und die Gelehrsamkeit thematische Fäden des Stückes sind. Obwohl es sehr viele Anspielungen auf philosophische Theorien enthält, die man in anderen Schriften Brunos finden kann, ist es nicht sinnvoll, an dieser Stelle die Komödie zu analysieren, denn – wie Bruno in einem der mehreren Vorworte sagt – „das Thema, das Sujet, die Weise, Ordnung und Umstände werden vor Augen geführt, und das ist besser, als würden sie der Reihe nach erzählt, denn es ist eine Art Tuch, in dem Schuß und Faden zusammen sind: Wer es begreifen will, mag es begreifen, wer es verstehen will, mag es verstehen“ (*Candelaio*, Proprologo 41).

Mit der Komödie beginnt die Serie der italienischen Schriften Brunos, die er in England bald veröffentlichen wird, denn er hat spätestens in Paris Michel de Castelnau (1518/20–1592) kennengelernt, der wieder einmal in königlichem Auftrag an den Londoner Hof zu Königin Elisabeth I. geschickt wird. Castelnau, ein weitgereister Diplomat, dessen wichtigste Aufgabe auf Missionen in Italien, Deutschland, der Schweiz, England und Schottland der Ausgleich zwischen Protestanten und Katholiken war, verfaßte informationsreiche Memoiren über die 70er Jahre in Frankreich (1592). Mit ihm wird der Italiener zirka zwei Jahre in London verbringen. Aus den verschiedenen Widmungsbriefen der in London produzierten Werke kann man entnehmen, daß sich Bruno mehr, in den höfischen und diplomatischen Kreisen der Hauptstadt bewegt hatte als an der Universität und den Kollegien. Seine Verbindung mit dem Diplomaten hatte allerdings auch die Nebenwirkung, daß Brunos Ankunft vom englischen Botschafter in Paris an den Londoner Hof vorausgemeldet wurde mit dem Zusatz „a professor in philosophy ... whose religion I cannot commend“ (Vita 329).

In London landete Bruno den großen Coup seines Lebens und Nachlebens, denn er veröffentlichte eine Serie von Dialogen in italienischer Sprache, die seinen Ruhm bis in die Gegenwart beherrschen: Hier tritt der Kritiker des Aristoteles, der Verkünder des Kopernikanismus, der fahrende Ritter der Gedankenfreiheit und der Gegner des Christentums in die Welt, wie er vor allem seit dem späten 18. Jahrhundert bekannt war, aber auch in libertinistischen Kreisen als Geheimtip gehandelt wurde. Es ist nun gerade der Mythos Bruno, der allerlei Spekulationen über seine Erlebnisse und Aktivitäten in England provoziert hat, bis hin zur Agentenstory (Bossy). Spekulationen sind nichts Übles, solange sie als Ausdruck ungeklärter und komplexer Zusammenhänge gelten können, wie in Brunos Englandaufenthalt. Die Fakten erlauben jedenfalls die Feststellung, daß er einerseits sich um eine Karriere an der Universität Oxford bemüht hat (wie er das schon in Genf und Toulouse tat), andererseits aber am Hof der Königin Elisabeth sein Publikum fand. Der Emigrant hatte die Wahl zwischen zwei Haifischbecken: die renommierte Universität, in der er sich als neuer und doch akzeptabler Gelehrter profilieren mußte, und der Hof, an dem sein Gastgeber, der französische Botschafter, eine delikate Mission in den politischen Spannungen zwischen Katholiken und Protestanten, Frankreich und Spanien, England und Schottland zu erfüllen hatte. Innerhalb derer war der Apostat offenbar ein religionspolitischer Problemfall, wie schon der englische Botschafter aus Paris gemeldet hatte. Bevor die Londoner Schriften im ganzen gewürdigt werden sollen, hier also eine Zusammenstellung der Daten (vgl. Bruniana et Campanelliana 1995, 21 ff.).

Im Frühjahr 1583 verließ Bruno Frankreich, nachdem er „wegen der Tumulte, die dort [in Paris] ausbrachen, sich verabschiedet hatte, und ging mit Briefen vom König persönlich nach England, um beim Botschafter seiner Majestät namens Michel de Castelnau, Herr von Mauvissiere, zu wohnen; in dessen Haus tat ich nichts als sein Gast zu sein" (P 162). Im Juni besuchte der polnische Graf Albert Laski (Alasco) England und wurde mit der Oxforder Universität bekanntgemacht, die zu seinen Ehren Disputationen veranstaltete. Laski (1536–1605) war ursprünglich Calvinist, trat aber, bevor die polnischen Calvinisten sich in die Antitrinitarier (die sogenannten Arianer) einerseits und die übrigen Calvinisten andererseits trennten, 1569 aus politischem Opportunismus zum Katholizismus über. Seine Englandreise stand im Zusammenhang mit seinem Machtspiel unter den polnischen Adligen. Bei einer der Disputationen in Oxford ergriff auch Bruno das Wort, wie George Abbot, damals am Baliol College, später Bischof von Canterbury, berichtet, voller Eifer, Aufsehen zu erregen, um sich an diesem berühmten Ort einen Namen zu machen. Es ist auch nicht ausgeschlossen, daß Bruno den polnischen Gast beeindrucken wollte und deshalb zusammen mit ihm von London nach Oxford gereist war, vielleicht in der Hoffnung, in Polen ein wissenschaftliches und religiöses Unterkommen zu finden. Bei einer zweiten Gelegenheit betrat Bruno „eher kühn als weise" das Katheder der besten und renommiertesten Schule. Abbot beschreibt den Italiener als „Didapper", als Tauchente mit „Namen und Titeln länger als sein Körper", der wie ein Jongleur seine Ärmel zurückschlug und von „chentrum and chirculus and chircumferenchia" redete – eben wie ein Italiener (Aquilecchia 1993, 247f.). Ferner berichtet der offenbar parteiliche Zeuge, Bruno habe mit seinen Reden über Kreise die Lehre des Kopernikus vertreten, nämlich, „daß sich die Erde dreht und die Himmel stillstehen, während tatsächlich sein eigener Kopf sich drehte und sein Hirn nicht stillstand" (Aquilecchia 1993, 248). Außerdem soll ein Zuhörer entdeckt haben, daß Bruno in seiner Vorlesung fast wörtlich aus den Werken (am Rande nachgetragen: *De vita coelitus comparanda*) des Marsilio Ficino zitiert habe, und diese Entdeckung habe dazu geführt, daß Bruno weggeschickt und seine Hoffnungen auf ein Lektorat in Oxford beendet wurden (McMullin 1986, 86f.). Ein anderer Zeuge, der Naturwissenschaftler Gabriel Harvey, berichtet, eine Disputation (wohl zu Ehren Laskis) habe zwischen dem Rektor des Lincoln College, John Underhill, und Bruno stattgefunden, der alles in Theologie und Philosophie auf die Gemeinplätze (*locos topicos*) und Axiome des Aristoteles bezog, und „von da aus argumentierte er sehr schnell über jedes Thema“ (McMullin). Der Protagonist selbst sagt aus, indem er einen Dialogsprecher im *Aschermittwochsmahl* reden läßt: „Laßt euch erzählen, was dem Nolaner passiert ist, als er öffentlich mit den Doktoren der Theologie in Anwesenheit des polnischen Fürsten Laski und englischer Adliger disputierte. Laßt euch sagen, wie er auf Argumente zu antworten wußte; wie jener arme Doktor, den man ihm als Koryphäe der Akademie vorgestellt hatte, durch fünfzehn Syllogismen fünfzehnmal wie der Floh in der Falle hing“ (DI 133). Und ferner: „Informiert euch, wie man seine öffentlichen Vorlesungen abgebrochen hat, sowohl die über die Unsterblichkeit der Seele als auch über die fünffache Sphäre“ (DI 134). Ein weiterer, nicht näher identifizierter Zeuge „NW“ berichtet – möglicherweise auf der Basis der Oxforder Auftritte –, Bruno („that man of infinite titles among other phantasticall toyes“) habe gelehrt, „daß durch Übersetzungen alle Wissenschaften entstehen“ (Aquilecchia 1993, 244).

Da es in der Forschung kontrovers ist, was Bruno in Oxford gesagt hat, lohnt es sich aus den Zeugnissen die Liste der Themen zusammenzustellen:

- Zentrum, Kreis und Umkreis
- Kopernikus' Astronomie
- Marsilio Ficinos Werke
- Topik und Axiome des Aristoteles
- Syllogismen
- Unsterblichkeit der Seele
- Fünffache Sphäre
- Übersetzungen

Wenn die Ereignisse noch immer darauf warten, geklärt zu werden, dann sind in dieser Detektivgeschichte, die aus Tat, Gelegenheit, Waffe und Motiv bestehen muß, diese acht Themen das Tatmotiv (und einige auch die Waffen). Tatsächlich handelt es sich hierbei um typische Themen der Londoner Schriften Brunos, die gewiß im Entstehen waren, als er in Oxford auftrat und sich bemühte, Eindruck zu schinden. Ein weiteres Indiz ist sein bombastischer Brief an den Vizekanzler und die Dozenten der Universität, der zusammen mit der Widmung an Castelnau in der

Schrift *Explicatio triginta sigillorum* gedruckt wurde (OL II 2). Schon die Selbstbezeichnung, die mit „magis laboratae (!) theologiae doctor" beginnt, umfaßt ca. 140 Wörter und wird offenbar von Abbot mit Hohn zitiert. Dieser Brief, wenn nicht das ganze Buch, war den späteren Zeugen bekannt, und die Zeichentheorie ist wohl mit den erwähnten „phantasticall toyes" gemeint. Dennoch ist der Brief vielleicht erst nach dem Scheitern und mit der Arroganz des Verlierers geschrieben, schimpft er doch auf Pedanten und Aristoteliker (und dies sind in den italienischen Werken die Oxforder); bei der Sintflut hätte der Eselsmist zu den goldenen Äpfeln gesagt: „Auch wir Äpfel schwimmen oben" (OL II 2, 78). Jedenfalls wird sich weisen, wie Sphären, Kreise und Zentren für Bruno eine Bedeutung haben, wenn sie auf den Kopernikanismus bezogen und ins Unendliche extrapoliert werden, welchen Einfluß Ficinos Unsterblichkeitslehre auf Brunos Allbeseelungstheorie hatte, welche Rolle Bruno Aristoteles und seiner Logik zubilligt und wie er Philosophieren als Übersetzen versteht. Der abgewiesene Bewerber kehrt an den Londoner Hof zurück, auch im übertragenen Sinne, denn er schreibt über den Zustand der Oxforder Universität später: „Daß diejenigen, die von Geburt oder sonst adlig sind, auch wenn sie damit das schönste Teil des Adels, gelehrte Bildung, verbinden, sich schämen zu promovieren und Doktor nennen zu lassen, weil es ihnen genügt, daß sie Gelehrte sind. Solche Leute findet man in größerer Zahl an den Höfen, als man Pedanten an der Universität findet" (DI 213).

Eine sichere Tatsache ist auch, daß sämtliche Schriften, die Bruno in London veröffentlichte, sich an ein höfisches Publikum richteten, nicht an ein universitäres. Außer der erwähnten Schrift über die *Dreißig Sigel* handelt es sich um Dialoge in italienischer Sprache: *Das Aschermittwochsmahl*, *Von der Ursache, dem Prinzip und dem Einen*, *Vom Unendlichen, Universum und den Welten*, *Vertreibung der triumphierenden Bestie*, *Kabale des Pegasischen Pferdes*, *Heroische Leidenschaften*. Sie nennen als Erscheinungsort Venedig, aber das war nur ein Marketingtrick des Druckers, wie Bruno selber später zugab, denn Italien war Mode am Hof, so wie nur der gebildete Adel Italienisch sprach und las. Im übrigen paßt der literarische Stil dieser Dialoge wie vieler anderer Schriften Brunos eher zur höfischen Prosa als zum akademischen Stoff. Allen Dialogen sind Versdichtungen vorangestellt, und die *Heroischen Leidenschaften* sind der Form nach nichts anderes als gelehrte Gespräche über Sonette Brunos und seines Landsmanns Luigi Tansillo, übrigens vorwiegend Sonette englischen Typs. Dort sind die Gedichte thematisch auch oft mit Emblemen verknüpft, einem der beliebtesten Spielzeuge der geistreichen Gebildeten. Widmungsempfänger dieser Schriften sind sein Gastgeber Castelnau und der englische Dichter Philipp Sidney, der ähnliche Sonettzyklen publizierte. Die *Heroischen Leidenschaften* waren deshalb auch als höfisch-petrarkistisches Zauberwerk über die Liebe zu lesen, während andererseits die darin enthaltenen philosophischen Reflektionen durchaus Parallelen in der englischen Literatur der Zeit, vor allem der sogenannten Metaphysical Poets hatten, in denen sich ähnlich wie bei dem Italiener kosmologische Spekulationen und paradoxe Wortwitze treffen. Diese 1584/1585 publizierte Serie von philosophischen Dialogen enthält „viele verschiedene aneinander geklebte Lehrsätze, so daß sie nicht wie Wissenschaft aussehen, sondern mal wie Dialoge, mal wie Komödien, mal wie Tragödien, mal wie Dichtungen, mal wie Rhetorik; ... es gibt dort Physik, Mathematik, Moral, Logik" und vieles mehr (DI 15) – was der Autor hier über das *Aschermittwochsmahl* sagt, gilt für das ganze Werk. Dieser erste Londoner Dialog propagiert vor allem Brunos Entdeckung der kopernikanischen Wende, der Dialog *Über die Ursache* setzt sich vor allem mit der aristotelischen Physik auf der Basis der Stoff- und Formlehre auseinander, die Schrift *Über das Unendliche* (*De l'infinito*, ihr Inhalt wird in der späten Schrift *De Immenso* größtenteils wiederholt und ausgeweitet) arbeitet die kopernikanische und anti-aristotelische Kosmologie weiter aus, die Schrift *Spaccio de la bestia trionfante* (*Vertreibung der triumphierenden Bestie*) enthält am Leitfaden der griechischen Mythologie eine Art Religionskritik mit ethischen und politischen Implikationen, die *Kabale des Pegasischen Pferdes* nimmt die Pedantenschelte wieder auf und zwar in der Form eines *Lobes der Torheit* wie sie Erasmus von Rotterdam geschrieben hat, während schließlich die Schrift über die *Heroischen Leidenschaften* philosophisch im engeren Sinne Erkenntnistheorie und Liebesphilosophie verknüpft.

V. Gott ist nicht müßig: Unendliche Möglichkeit und unendliche Realität

Wenn wir die These von Frances Yates beiseite lassen, wonach das *Aschermittwochsmahl* (*La cena de le ceneri*) in einem dreifachen Code geschrieben ist, nämlich einem philosophischen über den Kopernikanismus, einem politischen über die Interessen Heinrichs III. von Frankreich und einem poetischen Code (Yates 1984, 314), dann geht es hierin vor allem um den Kopernikanismus und Brunos Selbstverständnis. Kopernikus, so heißt es hier, sei zu dem notwendigen Schluß gekommen, „daß eher diese Erdkugel sich hinsichtlich des Universums bewegt, als daß es möglich wäre, daß die Gesamtheit der vielen unzählbaren Körper ... diese als Mitte und Basis ihrer Umläufe und Einflüsse haben" (DI 29). Bekanntlich handelt es sich bei der Neuerung des Nikolaus Kopernikus aus Thorn (1473–1543), die in seinem Werk *De revolutionibus orbium coelestium* veröffentlicht wurde, um eine Umbesetzung der Kreise, die von den Planeten am Himmel beschrieben werden. Diese bezeichnet er als „revolutiones" (Umläufe), woraus die Assoziation „Kopernikanische Revolution" entstanden ist. Der antike Astronom Ptolemäus hatte die Planetenbahnen auf der Basis berechnet, daß die Erde im Zentrum steht und der Mond, die Planeten und die Sonne sich um sie nach gewissen Regelmäßigkeiten bewegen. Diese Theorie barg einige mathematische Schwierigkeiten, weil einige Planeten sich sichtbar vorwärts und rückwärts bzw. in Schleifen zu bewegen schienen, was mit der Theorie der Epizyklen (Zusatzkreise) erklärt wurde. Kopernikus beanspruchte nun in seinem 1543 veröffentlichten Werk, diese Berechnungen zu vereinfachen, indem er annahm, daß sich die Sonne im Zentrum des Kreissystems der Planeten befände und die Erde ihrerseits ein solcher Planet sei. Auch wenn der Großteil seines Werkes aus tabellarischen Berechnungen besteht, so wurde seine Theorie doch vor allem durch das erste Buch seiner Schrift bekannt, in der er eine allgemeine Rechtfertigung nicht zuletzt unter Berufung auf antike Vorbilder vortrug.

PTOLEMAEVS.

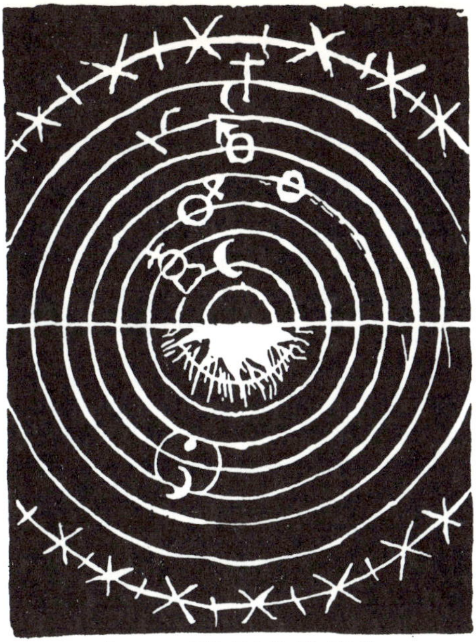

COPERNICVS.

Abb. 2: Gegenüberstellung des ptolemäischen und des kopernikanischen Planetensystems nach einem von Bruno gezeichneten Schema in der Originalausgabe des ‚Aschermittwochsmahls': Die Erde und die Sonne werden ausgetauscht, so daß auf der Kreisbahn der Sonne (nach Ptolemäus) die Erde mit dem Mond kreist (nach Kopernikus); man beachte, daß hier Brunos Auslegung festgehalten ist, wonach nicht die Erde eine Umlaufbahn hat und der Mond um sie kreist, sondern beide „in einem einzigen und identischen Epizykel" um die Erde kreisen (DI 141).

Bruno diskutiert dieses Modell vor allem im vierten Dialog des *Aschermittwochsmahls* und bietet auch eine Abbildung. Hierbei unterläuft ihm ein interessanter Fehler. Für Kopernikus bewegt sich die Erde auf dem dritten Umkreis (nach Merkur und Venus) um die Sonne, während um die Erde auf einem eigenen kleinen Umkreis der Mond kreist. Er beschreibt das mit den Worten: „Die jährliche Umdrehung ..., wo – wie wir sagen – die Erde mit dem Mondkreis wie einem Epizykel enthalten ist" („annua revolu-

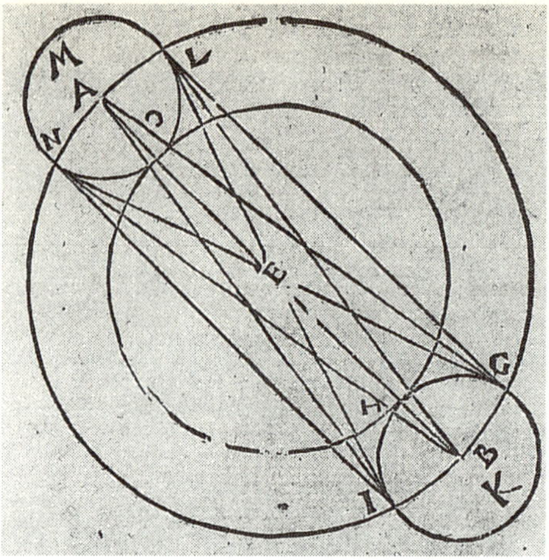

*Abb. 3: Zur Erklärung der verschiedenen Mondphasen läßt Bruno, anders als im ‚Aschermittwochsmahl', um die Erde (A) den Mond kreisen (L M N O), die ihrerseits eine Umlaufbahn um die Sonne (E) hat. Den gleichen Umkreis hat hier Merkur (B), um den Venus kreist (G H I K); jedoch besteht der Philosoph darauf, daß eine geometrische Darstellung Exaktheit vorspiegelt, die in der Natur nie gegegben ist. (*De immenso *III 10, OL I 1, 397f.)*

tiolocum tenet, in quo terram cum orbe lunari tanquam epicyclo contineri dicimus"; DI 141, Anmerkung). Bruno liest offenbar das „cum" als „uno" („mit" bzw. „auf numerisch einem") und paraphrasiert, Kopernikus behaupte, die Erde und der Mond seien in einem einzigen (gemeinsamen) Epizykel enthalten. An dieser Stelle streiten sich die Sprecher des Dialogs darum, ob die vermeintliche Markierung für die Erde nur ein Zirkeleinstich sei (was vermuten läßt, daß sie keinen Druck, sondern eine Handschrift vorliegen hatten). Wichtig ist aber, daß Bruno nachweislich den Originaltext des Kopernikus vor sich hatte, zumal inzwischen möglicherweise ein gedrucktes Exemplar dieses Buches aus Brunos Besitz bekannt ist, das in der Biblioteca Casanatense in Rom liegt (O. Gingerich, *An Annotated Census of Copernicus' De revolutionibus* [im Druck lt. persönl. Mitteilung], dass. McMullin 1987, 59; Peregrinatio 93 Abb.). In dem Augenblick also, als Bruno sich einmal als Philologe aufführen will, liegt er falsch. Seine Absicht ist aber durchaus wissenschaftlich. Er will nämlich durch das gemeinsame Rotieren von Erde und Mond auf der Umlaufbahn um die Sonne erklären, warum die Sonne mal größer und mal kleiner erscheint (DI 140), möglicherweise schwebt ihm also etwas vor, was später durch die Ellipsenbahnen des Johannes Kepler anstelle der Kreisbahnen gelungen ist. Im 10. Kapitel des dritten Buches von *De Immenso* (OL I 1) wird er auch Merkur und Venus eine ähnliche gemeinsame Kreisbewegung auf dem Umkreis um die Sonne zuschreiben. Dennoch geht es Bruno offensichtlich nicht um eine geometrische Struktur des Kosmos, vielmehr nimmt er diese geometrische Beschreibung, um die „wirkliche" Natur der Welt darzustellen.

Mit der neuen Astronomie des Kopernikus war die Frage nach der mathematischen Struktur der Welt aufgeworfen worden, die noch bis weit ins 17. und 18. Jahrhundert hinein diskutiert wurde, mindestens von Galileo Galilei bis Isaac Newton. Wenn wissenschaftliche Erkenntnis darin besteht, die Komponenten der Welt genau benennen zu können, und wenn verschiedene konkurrierende wissenschaftliche Theorien auf dem Markt sind, wie in diesem Beispiel die Astronomie des Ptolemäus und die des Kopernikus, dann gibt es eine Möglichkeit, die Richtigkeit solcher Theorien zu überprüfen, nämlich Erfolgskontrolle. Die Astronomie, die vor allem zur Berechnung des Kalenders praktisch bedeutsam war, konnte sich auf eine beständige Kontrolle durch das Eintreten vorhersagbarer Konstellationen am Sternenhimmel verlassen. Nun basiert die Astronomie in jedem Falle auf einer Berechnung geometrischer Figuren, von denen man seit Platon schon weiß, daß sie nicht selbst „etwas" sind, sondern nur rationale Konstruktionen. Es war daher ein großer Schritt, wenn Galilei behauptete, die mathematische Struktur des Universums sei eine Wirklichkeit.

Dieses Mißverhältnis zwischen Berechnung und Wirklichkeit war auch Kopernikus bewußt. Deshalb zitiert Bruno sowohl im dritten Dialog des *Aschermittwochsmahls* als auch im neunten Kapitel des Buches III von *De Immenso* dessen Widmungsschreiben an Papst Paul III., in dem er sich auf die Freiheit beruft, geometrische Modelle zur Erklärung der Sternbewegungen zu entwerfen (DI 90; OL I 1, 384). Jedoch besteht Bruno darauf, daß auch Kopernikus angenommen habe, mit dieser Berechnung die Wirklichkeit der Natur getroffen zu haben. Ausführlich greift er die berühmte Einleitung des protestantischen Theologen Andreas Osiander an, der zum ersten Mal versuchte, die kopernikanische

Lehre für rechtgläubige Christen akzeptabel zu machen, indem er den rein hypothetischen Charakter der kopernikanischen Berechnungen hervorhob. Was für den Nolaner wie eine dumme Ausflucht geklungen haben mag, war in Wirklichkeit ein wichtiger Schritt in Richtung auf die sogenannte hypothetisch-deduktive Methode, bei der eine Erklärungsannahme vorausgesetzt und auf empirische Daten angewendet wird, die so lange Gültigkeit beanspruchen kann, bis empirische Daten die Hypothese widerlegen oder ihren Geltungsbereich einschränken. Osiander sagt in dem von Bruno zitierten Abschnitt, es sei Aufgabe der Astronomen, die Daten der Himmelsbewegungen zu sammeln und geometrische Prinzipien zu „fingieren", mit deren Hilfe Konstellationen berechnet werden können, und dies, so lange man die „wahren Ursachen" nicht kenne. Osiander propagiert die kopernikanische „Revolution" wegen ihrer „wunderbaren und ausgefeilten Vereinfachung der Berechnung" (DI 88f.). Wenn Wissenschaft und Wirklichkeit zur Übereinstimmung gebracht werden sollen, ist das ein reduktionistischer Standpunkt.

Im *Aschermittwochsmahl* folgen nun geometrische Argumente für die Plausibilität der kopernikanischen Theorie, doch liegen Brunos Absichten woanders. Hatte Kopernikus in dem erwähnten Brief festgestellt: „Mathematik wird mathematisch geschrieben" (OL I 1, 385), so reduziert sein Interpret diesen Anspruch auf bloße Mathematik und fordert im Gegenzug die Ausdehnung des kopernikanischen Modells auf die Wirklichkeit als ganze. Für ihn ist Kopernikus' Argumentation noch immer „eher mathematisch als natürlich" (DI 29). Unverkennbar geht auch Bruno von einer Hypothese, einer plastischen Vorstellung aus, nämlich „eines immensen ätherischen Bereiches"; für ihn ist das Universum „wirklich ein Himmel, Raum und Gewölbe genannt, in dem es viele Sterne gibt, die dort nicht anders befestigt sind als die Erde, ebenso der Mond, die Sonne und die anderen unzähligen Körper in diesem ätherischen Bereich, wie wir es von der Erde wissen" (DI 130 f.), und in diesem unendlichen Himmel bewegen sich die Sterne, „um miteinander zu kommunizieren und einander das Lebensprinzip mitzuteilen; in bestimmten Räumen und bestimmten Abständen vollziehen die einen ihre Kreise um die anderen, wie das bei diesen sieben Planeten offensichtlich ist, die sich um die Sonne drehen" (DI 131). Diese Vorstellung – und es handelt sich wirklich nur um ein phantastisches Bild im Sinne der mnemotechnischen Bildtheorie – nimmt Bruno für Wirklichkeit, indem er sagt:

„Es ist möglich, angemessen, wahr und notwendig, daß die Erde sich um ihr eigenes Zentrum dreht, um an Licht und Dunkelheit, Tag und Nacht, kalt und warm teilzuhaben, sich um die Sonne dreht, um an Frühling, Sommer, Herbst und Winter teilzunehmen, um die sogenannten Pole und entgegengesetzten Punkte der Hemisphäre [vermutlich ist das Schwanken der Erdachse gemeint], um die Zeitalter und das Angesicht zu wandeln, so daß, wo einmal Meer war, trockenes Land, wo Hitze dann Kälte, wo der Wendekreis die Tag-Nacht-Gleiche und wo schließlich der Wechsel aller Dinge statthaben kann, und wie auf diesem so auf den anderen Sternen, die nicht ohne Grund von den antiken und wahren Philosophen Welten genannt werden." (DI 131 f.)

Wenn Bruno dieses Bild für wirklich erklärt, dann unter der Bedingung, daß für ihn eine Theorie zugleich möglich, angemessen, wahr und notwendig ist. Nun sind Möglichkeit und Wirklichkeit, Angemessenheit und Notwendigkeit wissenschaftstheoretisch gesehen Gegensätze. Man muß sich daher fragen, wie Bruno eine phantastische Vorstellung, eine kosmologische Hypothese in Wahrheit überführen will. Hierfür muß zunächst einmal Notwendigkeit zugleich reale und logische Notwendigkeit sein, d.h., die Überzeugungskraft einer logischen Hypothese muß so weit gehen, daß sie nichts anderes als einen wirklichen Zusammenhang darstellt. Die Angemessenheit der Teile der Theorie kann nicht zufällig sein, sondern muß im strikten Aufeinander-angewiesensein bestehen. Dann ist die Notwendigkeit nicht nur ein „so sollte es sein", sondern Wahrheit. Dann allerdings erweist sich das Zusammenstimmen des Bildes oder der Theorie als eine Möglichkeit, die so weit ausgefeilt ist (wie die Berechnungen des Kopernikus laut Bruno), daß sie in allen Teilen zusammenpaßt und folglich eine lückenlos mögliche Notwendigkeit ist. Wissenschaftstheoretikern damals wie heute müssen sich an dieser Stelle die Haare sträuben, und dennoch legt Bruno den Finger auf einen Punkt, auf den alle Wissenschaftstheorie zielt, nämlich die Übereinstimmung von Theorie und Wirklichkeit. Für rigorose Realisten, wie es die meisten Renaissancephilosophen waren, ist eine Hypothese das Papier nicht wert, auf der sie geschrieben steht. Deshalb muß man nach den Bedingungen fragen, unter denen eine Theorie (d.h. eine plausible Zusammenstellung von Daten und Erklärungen) nichts außer der Wirklichkeit beschreibt. Unter dieser Voraussetzung sind die oben beschriebenen Bedingungen Brunos akzeptabel, nur daß der Skeptiker sogleich sagen muß, daß diese Bedingungen unerfüllbar sind, weshalb sich die Erkenntnistheorie in der Neuzeit darauf konzentriert, die Formen des Denkens zu analysieren, die beanspruchen wissenschaftlich zu sein.

Hier ist aber auch der Grund zu suchen, warum Bruno die kopernikanische Astronomie in eine Theorie der unendlichen Welt ausweitet: Möglichkeit bedeutet hier ja nicht ein schulterzuckendes „kann schon sein", sondern die Plausibilität eines Zusammenhangs. Im alltäglichen Denken ist die Realität die Verwirklichung einer von unzähligen Möglichkeiten. Wenn aber die Möglichkeiten für wirklich gelten sollen, dann weitet sich die Möglichkeit selbst ins Unendliche aus und verlangt nach einer ebenso unendlichen Realisation; es stehen sich also nicht mehr ein Feld undefinierbarer Optionen und ein begrenzter Satz von Tatsächlichkeiten gegenüber, sondern – wenn das Notwendige die vollkommene Realisierung des möglichen Zusammenhangs ist und die Möglichkeiten ihrerseits unendlich sind – es stehen sich nun eine unendliche Möglichkeit und eine unendliche Wirklichkeit gegenüber. Dieser Gedanke ist viel zu faszinierend, als daß Bruno ihn auf logische Fehler hin untersucht hätte. Denn die Möglichkeit hat für ihn einen Namen, es ist die Allmacht Gottes. Ein unbestimmter Satz unrealisierter Möglichkeiten ist nur als logisches Konstrukt denkbar. Soll aber die Wirklichkeit die Realisation „wirklicher" Möglichkeiten sein, dann müssen diese Möglichkeiten nicht nur gedachte, sondern aktuelle Möglichkeiten sein, und wiederum fällt unendliche Möglichkeit mit unendlicher Wirklichkeit in eins. Es ist die christliche Theologie, die Gott als unendliche Möglichkeit gedacht hat, auch wenn sie ihr zumeist, bis Bruno, eine durchaus endliche Wirklichkeit gegenüberstellte.

Hieraus folgt ein sehr anspruchsvolles Forschungsprogramm, das Bruno in den folgenden Jahren verfolgen wird: Er muß zeigen, wie unter der Korrelation von unendlicher Möglichkeit und unendlicher Wirklichkeit überhaupt noch Endlichkeit möglich ist. Er muß zeigen, wie der Zusammenhang der Teile der Welt besteht. Er muß – und das ist nicht ironisch gemeint – erklären, wieso noch niemand vor ihm auf diese Idee gekommen ist, und schließlich muß er beständig die theologischen Implikationen seiner Theorie im Auge behalten.

Zum letzteren Punkt gibt es interessante Ausführungen zur Interpretation der Bibel. Im Prolog des Buches Ecclesiastes (Kohelet), das von Bruno wegen seiner naturphilosophischen Inhalte gerne zitiert wird, finden sich die Zeilen: „Die Sonne geht auf und unter und kehrt an ihren Ort zurück, dort wieder aufgehend dreht sie sich zum Mittag und neigt sich zum Norden" (Koh 1, 5–6, vgl. DI 122). Hierzu stellt der Philosoph fest, daß „in den göttlichen Schriften im Dienst unseres Verständnisses nicht von Beweisen und Spekulationen über die Dinge der Natur gehandelt wird, als handelte es sich um Philosophie, sondern im Interesse unseres Geistes und Gefühls wird die Praxis der moralischen Handlungen durch Gesetze geordnet" (DI 120). Als Beweis führt er an, daß in der Genesis Sonne und Mond als die beiden größten Himmelslichter bezeichnet werden, ohne daß daraus gefolgert werden dürfte, daß alle anderen Sterne kleiner seien als der Mond. Es wird in der Regel darauf hingewiesen, daß dieser Gedanke später auch von Galilei in seinem berühmten Brief von 1615 an die Erzherzogin Christina zum Ausdruck gebracht wird, allerdings hat die Unterscheidung zwischen sachlicher Information und religiöser Unterweisung in der Bibel eine lange Tradition seit Augustinus, während Bruno selbst sich auf den arabischen Philosophen Al-Ghazali (1058–1111) beruft, der als das Ziel der Gesetzgebung bezeichnet habe, nicht die Wahrheit der Dinge und Spekulationen zu suchen, sondern die Qualität der Gebräuche, den Nutzen für die Gesellschaft, das Zusammenleben der Völker, sowie die Praxis im leichten menschlichen Umgang miteinander, die Erhaltung des Friedens und das Wachstum der Staaten (DI 121f.). Bruno entnimmt also aus diesem arabischen Kritiker der Philosophie die Unterscheidung zwischen Moral und Politik einerseits und wissenschaftlicher Philosophie andererseits. Das bedeutet auch, daß für ihn die Bibel sich an das natürliche Verständnis der gewöhnlichen Menschen richtet, denn: „In Begriffen der Wahrheit zu reden, wo es sich nicht gehört, heißt vom Volk und der dummen Masse, denen die Praxis abverlangt wird, ein besonderes Verständnis zu verlangen, so als wollte man von der Hand verlangen, sie hätte ein Auge, obwohl sie von Natur aus nicht zum Sehen gemacht ist, sondern zum Handeln und dazu, dem Sehen zu folgen" (DI 123). Den Autoren der Heiligen Schrift kommt also in Sachen Natur keine Autorität zu. Sie sind gegenüber der Natur „indifferent“, wie er an dieser Stelle sagt, was natürlich weitere Überlegungen zum metaphorischen Schriftsinn nach sich zieht.

Das Selbstbewußtsein des Philosophen gegenüber den Vätern der christlichen Moral hat ihr Gegenstück in dem Selbstbewußtsein gegenüber allen Naturwissenschaftlern und Philosophen, die von seiner Meinung abweichen. Deshalb sagt er im *Aschermittwochsmahl* mehrfach, daß er sich zwar auf Kopernikus und andere Autoren berufe, in Wirklichkeit aber nur seinen eigenen Gedanken folgen wolle. Das bedeutet auch, daß die Originalität seines eigenen Denkens sich aus der Stimmigkeit seiner Theorie erweisen muß und nicht – jedenfalls nicht ausschließlich – aus der Übereinstimmung mit irgendeiner Tradition oder irgendwelchen Kollegen.

Ein anderer Teil seines Forschungsprogramms ist, wie oben erwähnt, die Frage nach dem Zusammenhang der Teile des unendlichen Kosmos und dem übergeordnet die Frage nach dem Verhältnis von Unendlichem und Einzelnem. Diese Fragen sind vor allem Gegenstand des zweiten Londoner Dialogs *Über die Ursache, das Prinzip und das Eine* (*De la causa, principio e uno*). Als Ausgangspunkt können wir noch einmal eine Stelle aus dem *Aschermittwochsmahl* nehmen, wo sich Bruno mit der seit langem diskutierten Frage des Entstehens der Gezeiten befaßt. Die immer wieder vorgebrachte Theorie (die nach heutigem Standard die richtige ist), daß es die Anziehungskraft des Mondes ist, die das Meer bewegt, wird von Bruno (wie übrigens später auch mit ganz anderen Argumenten von Galilei) abgelehnt, worauf er zunächst ein gewissermaßen mechanistisches Argument vorbringt (das auch Aristoteles vertrat), nämlich daß Bewegung nur durch Kontakt entstehen könne, daß also ein entfernter Gegenstand wie der Mond nicht eine Bewegung auf der Erde ohne einen vermittelnden Kontakt bewirken könne. Da es aber einen beobachtbaren zeitlichen Zusammenhang zwischen den Mondphasen und den Gezeiten gibt, bezeichnet Bruno den Mond nicht als Ursache, sondern als „Zeichen und Indiz“; der Mond zeigt also an, was auf der Erde geschieht, und er kann dies tun wegen der „Ordnung und Korrespondenz der Dinge und wegen der Gesetze der einen Veränderung, die mit denen der anderen gleichförmig und entsprechend sind“ (DI 147). Das Fehlen einer mechanistischen Erklärung des Zusammenhangs von Mond und Gezeiten führt daher wie in der Theorie der Anziehungskraft zur Benennung einer unsichtbaren Ursache und der Annahme einer – für den Mond wie für die Erde – gleichförmigen Gesetzmäßigkeit. Diese Gesetzmäßigkeit allerdings ist keine mathematische, sondern eine sozusagen spirituelle.

Global betrachtet steht Bruno damit nicht alleine, denn es wurde nicht nur die Lehre des Kopernikus schon um 1573, also vor Brunos Ankunft in England, in Oxford wenigstens im Vorübergehen gelehrt, nämlich von Henry Savile; auch seine Zeitgenossen John Dee (1527–1608), der sich für zahlreiche okkulte Wissenschaften interessierte und ähnlich wie Bruno durch ganz Europa reiste, und Thomas Digges (1546–1595), ein Freund des Grafen Leicester, Robert Dudley, der damals Kanzler der Oxforder Universität war, hatten die kopernikanische Theorie von der Zentralität der Sonne in ihren Naturphilosophien eingebaut (Aquilecchia 1997, Granada 1997). Deren Erklärungsmuster kann man mit dem von Frances Yates geprägten Sammelbegriff Hermetismus bezeichnen oder als Varianten des Neuplatonismus und der Magie in der Renaissance beschreiben, zu denen dann auch Giordano Bruno gehören würde.

Nach seinem fulminanten Auftritt im *Aschermittwochsmahl* fühlt sich der Italiener in London zu einigen philosophischen Erläuterungen verpflichtet. Deshalb setzt er sich in den Dialogen *Über die Ursache* und *Über das Unendliche* mit der nicht nur in Oxford, sondern in ganz Europa gültigen aristotelischen Naturphilosophie auseinander. In den Dialogen *Über die Ursache* nimmt er die Begriffe Ursache und Prinzip auseinander und führt sie auf einen Begriff des Einen zurück, während der Dialog *Über das Unendliche* im spezielleren die aristotelische Himmelsphysik widerlegt. Schon im *Aschermittwochsmahl* hatte es unter anderem geheißen, der Zweck der Kreisbewegung der Erde sei ihre Erneuerung und Wiedergeburt (DI 154). Damit wird der Zweck natürlich zirkulär. Aristoteles hatte in seiner *Physikvorlesung* gelehrt, der Zweck sei die eigentliche Ursache und treibende Kraft der Naturbewegungen, ohne daß dabei an ein intelligentes Wesen zu denken sei. Die christliche Philosophie seit der Spätantike und vor allem im Mittelalter hatte dieser Zweckursache das höchste intelligente Wesen, Gott, unterlegt, das somit aber kein innerlich wirkendes Prinzip der Dinge mehr war, sondern ein äußerlich steuerndes, das ebenso jenseits der Natur lag wie der Schöpfer, mit dem es identisch war. Auch Bruno identifiziert die wirkende und die Zweckursache in einer höheren Vernunft, nur daß für ihn diese höhere Vernunft identisch ist mit einer Weltseele. Zwar unterscheidet er „drei Arten der Vernunft: die göttliche, die alles ist, diese weltliche, die alles macht, und die übrigen einzelnen ‚Vernünfte', die alles werden" (DI 234), und bewahrt immer einen Rest von Transzendenz; dennoch geht er recht schnell dazu über, zu zeigen, daß diese wirkende Vernunft zugleich äußerlich und innerlich ist, insofern sie nämlich von innen in der Materie wirkt und nur insofern äußerlich ist, als sie nicht mit der Materie selbst identisch ist. Diese wirkende Ursache nun setzt sich die Vollkommenheit des Universums zum Ziel und ist insofern auch Zweckursache.

Die auch bei Aristoteles schwierige Unterscheidung zwischen Prinzip und Ursache drückt in diesem Text nur den genannten Unterschied zwischen innerer und äußerer Ursache aus. Ein Beispiel aus der Schrift *Über die Seele* des Aristoteles (II 1, 413) dient ihm zur Erläuterung. Die Seele sei im Körper wie der Steuermann im Schiff: Da er mit dem Schiff fährt, ist er Teil von ihm, insofern er es aber steuert und bewegt, betrachtet man ihn nicht als Teil, sondern als verschieden vom Schiff. Aristoteles hielt diesen Vergleich für unpassend, weil in natürlichen Lebewesen die Seele den Körper nicht so verlassen kann wie der Steuermann das Schiff. Auch bei Bruno kann der Steuermann das Schiff nie verlassen, denn er spricht nicht von der Seele des einzelnen Körpers, sondern von der Seele des Universums, die, „insofern sie beseelt und formt, ein innerer und formaler Teil von ihr ist, aber insofern sie lenkt und steuert, nicht Teil ist und kein Prinzip, sondern Ursache" (DI 236). An anderer Stelle erläutert er die Seelenkräfte des Menschen so, daß ein Schiff durch An- und Abwesenheit des Steuermanns gerettet oder vernichtet wird. Die Macht Gottes aber sei ganz in allem und könne nicht abwesend sein, sehr wohl aber könne sich der Mensch zu ihr hin- oder von ihr abwenden (Er. furori II 1, DI 1092). Dieser Vergleich der Seele mit einem Steuermann weckte später das Mißtrauen der Inquisitoren in Rom, weil er möglicherweise die Existenz einer individuellen Seele ausschließt (P 324f.).

Die astronomische These der Erdbewegung läuft nun parallel mit einer Belebtheit und universalen Steuerung der Erde und aller anderen Himmelskörper; oder umgekehrt: Wenn das ganze Universum ein beseeltes, in allen Teilen von einer Vernunft gesteuertes Lebewesen ist, dann ist die Kopernikanische Astronomie nicht nur vielleicht mathematisch plausibler, sondern sogar notwendig, da es keinen Grund geben kann, warum diese universale Vernunft ausgerechnet die Erde stillstehen lassen soll. Hieraus folgen zwei weitere Überlegungen: Wenn die Vollkommenheit die Wirkungsabsicht der Universalvernunft ist, dann muß diese auch in die kleinsten Teile der Materie hineinreichen (DI 235). Daraus wiederum folgt die nächste Überlegung, daß nämlich alle Teile beseelt sein müssen (DI 239).

Aristoteles hatte das Bewirkende und den Zweck mit der Form der Naturdinge der Sache nach gleichgesetzt (z.B. *Physik* II 8), jedoch nur mit Blick auf die einzelnen naturwissenschaftlich zu erklärenden Gegenstände; und insofern war auch seit Aristoteles die Seele immer als die Form des belebten Körpers verstanden worden. Für Bruno ist nun die Seele als Weltseele oder Weltvernunft die universale Form von allem, was ist, und da die Betonung auf „alles“ liegt, ist sie mindestens tendenziell unendlich. Insofern sie mit dem geformten Universum zugleich identisch und von ihm verschieden ist, stellt sich die Frage nach dem Gegenspieler, dem, was geformt wird, was in der aristotelischen Tradition die Materie heißt. Was der Autor in den italienischen Dialogen mit Scherzen und Polemiken gemischt präsentiert, hat er in einer Vorlesung während seiner Zeit in Wittenberg (1584), in einem Kommentar zur *Physikvorlesung* des Aristoteles schulmäßig vorgeführt. Während Aristoteles den Begriff der Materie als das Unbestimmte, Zugrundeliegende der Veränderung, dagegen die Form als das Beständige jenseits aller Veränderungen darstellte, um auf diese Weise Bewegung und Dauer in der Natur philosophisch begreifbar zu machen, erklärt Bruno die Materie zu der identisch bleibenden Substanz innerhalb der Veränderungen, und ähnlich wie Aristoteles, aber in entgegengesetztem Sinne, verwendet er das Beispiel des Schreinerhandwerks: „Wie nämlich im Schreinerhandwerk, während eine Materie beharrt, diese in allen durch diese Kunst hergestellten Dingen dieselbe und eine ist und jede Veränderung sich an einem und demselben vollzieht, so darf man auch in der Vielheit der Formen, die die Natur hervorbringt, ein einziges Substrat sehen; und dieses Substrat wird immer durch eine Analogie zu den verschiedenen Formen, die nacheinander an ihm zu entstehen scheinen, erkannt" (OL III 304). Aus der sogenannten „Ersten Materie" der aristotelisch-scholastischen Tradition, die immer für nicht definierbar, unbenennbar und unerkennbar galt, ja sogar für „fast gar nichts" (Augustinus, *Confessiones XII*, 7, 7; DI 289 u. 307), wird eine universale Substanz.

Schon Platon hatte im *Timaios* festgestellt, daß der quasi materielle Rahmen des Naturgeschehens nur durch einen Analogieschluß zu erreichen ist (vgl. OL III 9ff. über „Chaos"), und Aristoteles hatte die „Erste Materie" hier nur als Hilfsbegriff eingeführt, weil es ihm um die empirischen Naturdinge ging. Hierfür schloß er analog von der Tätigkeit des Handwerkers auf die Prinzipien der Natur: Sein Kommentator schließt nun von der Tätigkeit des Handwerkers auf die Wirkung der Natur und von dem Material auf die universale Materie. So wie das Material des Handwerkers, so heißt es im vierten Dialog *Über die Ursache*, niemals ohne Form ist, so ist auch die allgemeine Materie, und zwar in Ewigkeit, insgesamt, komplexiv als Eines, nämlich als das Ganze und jedes Einzelne, während das empirische Material in zeitlichen Momenten nach und nach, vielfältig und Stück für Stück geformt ist (DI 307). In diesem Zusammenhang beruft er sich auffälligerweise auf Averroes († 1198), der gelehrt haben soll, daß die Materie in einer unbestimmten Ausdehnung bestehe, eine Theorie, die unter anderem von Thomas von Aquin bekämpft worden ist, weil sie die Annahme denkbar macht, die Materie existiere in unbestimmter, wenn nicht gar unendlicher Ausdehnung, unabhängig von den Formen und insofern selbständig, d.h. als Substanz (DI 306).

Mit dieser Neuinterpretation der traditionellen Materietheorie scheint der Nolaner in die Rolle des Materialisten zu schlüpfen, jedoch ist er noch nicht zu Ende. Zwar bringt seiner Meinung nach die Materie selbst die vielfältig wechselnden Formen hervor, die man in der sinnlichen Welt wahrnehmen kann, denn auch hier gilt ihm die philosophische Grundregel, daß Prinzipien wirklich sein müssen und nicht nur Interpretationsinstrumente. Aber diese Materie bekommt unverkennbar alle die Eigenschaften, die auch schon die Form als Prinzip und universelle Seele bekommen hatte. „Man kann nichts Verhungerteres definieren als diese Erste Materie, die für Aristoteles das Prinzip der Naturdinge sein soll, die aber nach den Prinzipien des Aristoteles selbst verschwinden muß, wenn die Naturdinge kein mathematisches und logisches, sondern im vollsten Sinne natürliches Prinzip erfordern" (OL I 1, 101 f.), so heißt es in den *Thesen gegen Aristoteles* (*Acrotismus*), die er wenig später bei seinem zweiten Aufenthalt in Paris veröffentlichte.

Um die ausführliche, facettenreiche Diskussion dieses Problems kurz zusammenzufassen: Universalform und Universalmaterie sind für Bruno ein und dieselbe Sache. Es ist eine Notwendigkeit der Vernunft, sie zu unterscheiden – so wie Prinzip und Ursache dasselbe unter verschiedenen Aspekten sind (DI 181). Die universale Form, d.h. die Weltseele, ist mit der universalen Materie in einer „großen Einheit" verknüpft (DI 274). Daraus folgt, wenn man in den Denkmustern des Aristoteles denkt, daß nicht mehr die einzelnen Dinge die Wirklichkeit ausmachen. Substanzen sind nicht mehr individuelle, konkrete („zusammengesetzte") Dinge aus Materie und Form, in denen die Materie die quantitative Bestimmung und die Form das liefert, was als etwas erkennbar ist, vielmehr gibt es jetzt nur noch eine Substanz, das unendliche Universum als Ganzes, das sich unter gewissen Hinsichten als Form und unter anderen Hinsichten als Materie verhält, an denen die einzelnen Dinge nur vorübergehende, wechselnde Erscheinungen sind, und das ist genau Brunos Theorie in dieser Schrift *Über die Ursache*.

Es ist immer wieder festgestellt worden, daß diese Art Metaphysik Ähnlichkeit hat einerseits mit der Vereinfachung der Prinzipienlehre bei René Descartes (1596–1650) auf nur zwei Prinzipien, nämlich die geistige und die materiell ausgedehnte Substanz (*res cogitans* und *res extensa*), andererseits und noch mehr mit der Metaphysik des Baruch Spinoza (1632–1677), der nämlich diese beiden cartesischen Prinzipien auf die eine Substanz zurückführte, die er mit Gott identifizierte, so daß alle existierenden Dinge nichts als Attribute Gottes sind. Descartes versuchte von seinem Ansatz aus eine Theorie der rein mechanischen physikalischen Bewegung aufzustellen, während Spinoza aus der Einheit der geistigen Substanz eine Theorie der menschlichen Freiheit entwarf.

Bruno sieht ein ganz anderes Problem, nämlich, wie im Rahmen einer universal wirkenden göttlichen Kraft überhaupt einzelne Dinge möglich sind. Diese Frage wird im abschließenden fünften Dialog gestellt und nicht wirklich gelöst. Dieser berühmte fünfte Dialog *Von der Ursache, dem Prinzip und dem Einen* beginnt mit einer Hymne auf das Eine: „Es ist also das Universum Eines unendlich, unbeweglich. Eine – sage ich – ist die absolute Möglichkeit, Eines der Akt, Eines die Form oder Seele, Eines die Materie oder Körper, Eines das Ding, Eines das Seiende, Eines das Maximum und Optimum" und so weiter (DI 318). Es ist ein Meisterstück der Einheits-Rhetorik, und wir finden dort alle Topoi der bisherigen Philosophiegeschichte zum Preise der Einheit über der Vielheit. Jedoch gegen Schluß taucht der geradezu prophetische Satz auf: „Es ist eine tiefe Magie zu wissen, wie man das Gegensätzliche hervorholt, nachdem man den Punkt der Vereinigung gefunden hat" (DI 340). Man kann die Brunosche Naturphilosophie so lesen, als wolle er notfalls auch wider den gesunden Menschenverstand die Unendlichkeit des Kosmos, die Allmacht Gottes und der Weltseele, die Produktivität der Materie unter Beweis stellen. Aus dem zitierten Satz geht aber auch hervor, daß seine Rhetorik, eine Philosophie müsse „natürlich" sein, so zu verstehen ist, daß eine Philosophie ihr Ziel verfehlt, wenn sie sich nur um Universalitäten kümmert, ohne die Frage danach, wie und in welcher Weise und wie verstehbar universelle Prinzipien eben das Konkrete, Wahrnehmbare und Einzelne begründen. In der Gedächtniskunst ist Bruno von den psychologisch-technischen Kunstgriffen zu einer geistigen Struktur der Dinge vorgedrungen, die man intellektuell begreifen und insofern auch memorieren kann, in der Kosmologie geht Bruno von der Physik natürlicher Körper, zu denen auch die Sterne zählen, aus, um den Zusammenhang zu finden, der diese Einzelheiten zwar übersteigt, jedoch nur so weit, um als wirkliche Begründung der einzelnen Dinge und ihrer Erkennbarkeit gelten zu können.

Hier im fünften Dialog führt Bruno das in Form einer kleinen Philosophiegeschichte vor. Er beginnt mit dem Lobspruch: „*Die* Philosophen haben ihre Freundin die Weisheit gefunden, die diese Einheit gefunden haben!" (DI 324) Dann erklärt er die Bedeutung dieser Einheit. Erstens: Die Einheit faßt alle „Stufen der Natur" zusammen, so daß das Eine, Unendliche nicht Teile hat, sondern die Vielfalt „Teile im Unendlichen und nicht des Unendlichen" sind (DI 328). Dieses Eine ist also dann jenes, das auch die Vielheit hervorbringt. Sodann verweist Bruno auf die Zahlenspekulation des Pythagoras und des Platon, weil „mathematische Vorstellungsfiguren an sich oder durch Analogie das Sein und die Substanz der Dinge enthalten und insofern die Vielheit und Verschiedenheit der Spezies auf eine identische Wurzel zurückführen" (DI 330). Diese Art Zahlenspekulation basiert also darauf, daß die Einheit auch als die „Eins" verstanden wird, die sich in allen Zahlen wiederfindet und dementsprechend die Einheit in allen einzelnen Entfaltungen. An dieser Stelle schon kehrt Bruno die Blickrichtung um, es geht ihm nicht mehr um den Aufweis des Einen, sondern um die Frage, wie dieses Eine das Viele hervorbringen kann. Dieser Gedanke wiederum verlangt, daß die Einheit im Vielen, das Unendliche im Endlichen, das Unteilbare im Teilbaren sich nicht nur wie ein Punkt und bildliche Figuren zueinander verhalten, sondern „daß die Einheit Ursache und Grund der Individualität und Punktualität und ein absolutes Prinzip, das sich auf das ganze Seiende beziehen kann", ist (DI 331). Wohlgemerkt: Das ist eine starke Behauptung, ein philosophisches Postulat, kein Forschungsergebnis. Denn „der Intellekt beweist hier klar, wie in der Einheit die Substanz der Dinge besteht, die er dann entweder in Wahrheit oder in Ähnlichkeit sucht" (DI 332).

Zum Verständnis dieser Einheits-Philosophie sei an die Überlegungen in *De umbris idearum* erinnert, wo es dem Autor zwar um den Aufweis des einheitlichen Prinzips des Denkens und Erkennens geht, aber immer im Hinblick auf die „Klärung der Schatten", die in ihrer zweifachen Funktion als Zeichen für das Licht und als Verlust des Lichtes gesehen werden. So haben auch für Bruno die Überlegungen über die Einheit des Universums nur dann Sinn, wenn sie auch über die Struktur der sinnlichen, menschlich zugänglichen Welt Auskunft geben. Seine Kritik der Umwandlung der pythagoreischen Zahlenlehre durch Platon zielt deshalb darauf, daß die endlichen Dinge nicht nur Figuren und Abbildungen des Einen sind, sondern daß sich dieses Eine in den Dingen findet wie die Eins in jeder Zahl, so daß die Erkenntnis des Einen zur Erkenntnis des Vielen und die Erkenntnis des Vielen umgekehrt zur Erkenntnis des wirklichen Einen zurückführt. Auch an dieser Stelle sehen wir, daß Bruno das Denken nicht als eine bloße Analogie, Parallelität oder Abstraktion gegenüber der Wirklichkeit verstehen will, sondern als Manifestation eben dieser Einheit (vgl. *Sigillus* OL I 2, 212–215).

Die Theorie des Pythagoras und des Platon konnte Bruno aus verschiedenen Schriften des Aristoteles und aus scholastischen Kommentaren dazu beziehen. So betont zum Beispiel Thomas von Aquin in seinem Kommentar zur *Metaphysik des Aristoteles* (I 987b.; Comm. § 156f.), die platonische Ideenlehre habe von Pythagoras die Teilnahme der sinnlichen Dinge an den unveränderlichen Ideen übernommen und abgewandelt. Aber er weist auf die Schwierigkeit hin, daß eine solche Ideenlehre nicht zur Begründung der einzelnen Dinge taugt, da es ja nur eine Idee, zum Beispiel vom Menschen, geben kann, während die Vervielfältigung in der Natur der Zahlen liegt. Der Irrtum, den er dann Platon zuweist, träfe aus seiner Sicht auf jeden Fall auch Bruno, denn die Ideen- wie die Zahlentheorie beruht auf der Annahme, daß „die Seinsweise der erkannten Sache so wie die Weise des Erkennens" sei, so daß „der Begriff auf dieselbe Weise im Intellekt wie in der erkannten Sache" wäre, während man doch „zwischen dem Einen als Prinzip der Zahlen und dem Einen als mit dem Seienden austauschbaren" unterscheiden müsse (ebd. § 158f.). Auf dem Postulat der Identität von Erkenntnisweise und Seinsweise basiert aber die Philosophie Brunos. Während Thomas die mathematische Erkenntnisweise als eine rein intellektuelle Abstraktionsleistung darstellen muß, um den Unterschied zwischen geistigen Substanzen und Produkten des Verstandes aufrechtzuerhalten, muß Bruno umgekehrt der Eins und den aus ihr abgeleiteten Zahlen ein Sein zusprechen, das nicht abstrakt ist, sondern die Vielheit selbst herstellt.

Auch auf die Autorität des Euklid beruft er sich, der die Geometrie auf wenige Grundsätze zurückgeführt hatte, aus der alle mathematischen Gesetze abgeleitet werden können. Brunos Ideal ist, alle diese geometrischen Denkformen, die in seinen Prinzipien enthalten sind, auf ein einziges zu reduzieren, um dann „zur vollkommenen Erkenntnis hinaufzusteigen und die Vielheit zusammenzufassen, so wie die Einheit sich absteigend zur Produktion der Dinge entfaltet" (DI f.).

Die universale Substanz ist bei Bruno demnach eine, so daß alle einzelnen Dinge gewissermaßen „Umstände" oder Akzidentien

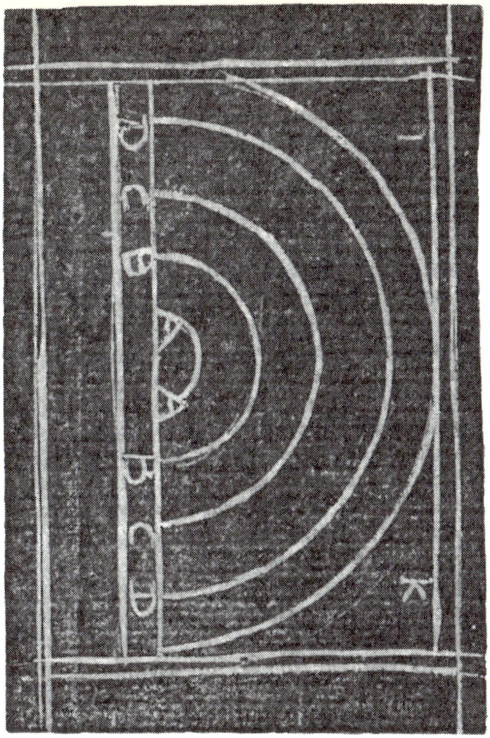

Abb. 4: Dieser grobe Holzschnitt aus der Erstausgabe von De la causa *(cf. DI 335) macht die Abflachung des immer größeren Bogens anschaulich, so daß der unendliche Kreis und die Gerade gleich sind. Dieses und ähnliche Beispiele hat Bruno von Nicolaus Cusanus (*De docta ignorantia *I 13 u. a. Schriften) übernommen.*

der Substanz sind, wobei er beiläufig zwischen der nicht-quantitativen Einheit des Einen und den quantitativen Maßen der individuellen Dinge unterscheiden muß. Um diese Unterscheidung nun wieder aufzuheben, führt er sogenannte Zeichen (*segni*) an, um zu beweisen, daß dennoch in jeder endlichen Zahl die unendliche Eins enthalten ist, die „endliche Male wiederholt die Zahl ergibt, als Unendliche aber die Zahl negiert" (DI 335).

Bruno verwendet hierfür geometrische Paradoxien des Nicolaus Cusanus (1401–1464), der in seiner Schrift *Über die gelehrte Unwissenheit* (*De docta ignorantia*) über den Zusammenfall der

Gegensätze spekuliert und behauptet hatte, unter bestimmten Bedingungen falle das Maximum mit dem Minimum zusammen. Hierfür verwendete er auch in der Schrift *Die Brille* (*De beryllo*) und in verschiedenen, speziell mathematischen Schriften geometrische Figuren, die Bruno hier und in anderen Schriften wiedergibt. So ist es sinnlich einleuchtend, daß Kreislinien und Geraden Gegensätze sind; weil aber ein Kreisbogen mit immer größerem Radius immer flacher wird und sich der Gerade annähert und andererseits bei schrumpfendem Radius sich der Kreisbogen einem Punkt auf einer Geraden annähert, fallen sowohl ein unendlich großer Kreis als auch ein unendlich kleiner Kreis mit der Geraden zusammen (DI 335). Dem Cusaner kam es darauf an zu zeigen, daß die Erkenntnis Gottes sozusagen von außen möglich ist, indem die Möglichkeiten des Denkens bis an die Grenzen geführt werden, an denen die Wirklichkeit Gottes, der unendlich ist, anfängt. Auch er spekuliert über die Präsenz des Einen im Endlichen und experimentiert mit Zahlen und geometrischen Figuren, um damit die Schöpferkraft des allmächtigen Gottes anschaulich zu machen (hierin steht er der Mystik nahe), aber auch um das Funktionieren des menschlichen Verstandes von seiner Grenze her zu zeigen (und in dieser Hinsicht ist er einer der Väter der neuzeitlichen Dialektik und Subjektivitätsphilosophie). Bei diesen Überlegungen kam er sogar zu der Vermutung, daß die Erde sich bewegt bzw. ein Planet wie andere sein könnte, was Bruno im *Aschermittwochsmahl* (DI 91 u. 102) hervorhebt. Im Unterschied zum Nolaner kommt es ihm aber nicht auf die Wirklichkeit einer unendlichen Welt, sondern auf die Undenkbarkeit einer endlichen Welt an, weil für ihn Welt alles das bedeutet, was ist, und dies von einem durch Denken nicht zu erreichenden unendlichen Schöpfer verursacht ist. Sein Argument ist scheinbar mathematisch: „Denn da das Zentrum ein Punkt ist, der von dem Umfang einen gleichmäßigen Abstand hält, und da es unmöglich ist, daß es eine reine Kugel oder solch einen Kreis gibt, daß es keinen reineren Kreis geben könnte, so ist klar, daß es auch kein Zentrum geben, das nicht noch reiner und genauer angegeben werden könnte" (*De docta ignorantia* II, Kapitel 8). Es ist also die Schwäche der menschlichen Erkenntnis und die vermutliche Ungenauigkeit der endlichen Dinge, die auf eine unendliche Welt schließen läßt.

Bruno dagegen nimmt die geometrischen Figuren des Cusanus als Beweise für die Wirklichkeit des Unendlichen im Endlichen und für den Gleichtakt von Denken und Sein, der in der Geometrie zum Ausdruck kommt. Zwar nennt der Nolaner diese geometrischen Beispiele „Zeichen", da für ihn aber, wie in seiner Gedächtnistheorie zu sehen war, Zeichen selbst Produkte eines intellektuellen Prozesses sind, haben sie für ihn den Rang erfahrungsmäßiger Nachweise. Erst im Anschluß daran führt er auch noch Belege zur Überprüfung (*verificazioni*) an, d.h. Beispiele, die er mit rhetorischen Mitteln aus der alltäglichen Erfahrung und aus angewandten Wissenschaften entnimmt.

Die ganze Schrift *Von der Ursache* läuft also auf die sachliche Identifikation des Einen, des Prinzips und der Ursache hinaus unter der Voraussetzung: „Wer sich dem Verständnis des Einen nähert, kommt auch dem Begreifen des Ganzen nahe" (DI 342).

Nachdem auf diese Weise die Idee eines unendlichen Universums mit den Mitteln der aristotelischen Metaphysik bewiesen worden ist, sieht sich Bruno genötigt, auch mit den naturwissenschaftlichen Theorien des Aristoteles abzurechnen und das tut er im dritten italienischen Dialog *Vom Unendlichen, dem Universum und den Welten* (*De l'infinito, universo e mondi*). Hier liefert er wissenschaftstheoretische Argumente im engeren Sinne, so zum Beispiel, daß die Sinneswahrnehmung nur dem Vergleich nützlich sein kann, daß aber Wahrheit jenseits der Sinneswahrnehmung liegen muß. Vor allem aber nimmt sich der Autor hier die klassischen aristotelischen und scholastischen Argumente gegen die Vielheit der Welten und die Unendlichkeit des Kosmos Stück für Stück vor, so daß dieses Buch – wenn man von den rhetorischen, polemischen und scherzhaften Dialogelementen wiederum absieht – am deutlichsten die Struktur eines scholastischen Traktats hat, in dem zu jedem Problem die gegnerische Meinung dargestellt und widerlegt wird.

Auf dem Prüfstand stehen die Definition der Welt, des Ortes, des Raumes, der Vollkommenheit, der unendlichen Potenz, sodann die Bedeutung der Sterne, der Elemente und vor allem der sogenannten Quintessenz; schließlich stellt Bruno sein physikalisches Weltbild vor, wie also die unendlich vielen Welten in dem unendlichen Kosmos verteilt zu denken sind, was das Problem der Schwere und Leichtheit, der Kometen und die Bestimmung von Oben und Unten betrifft. Im fünften und letzten Dialog widerlegt er noch einmal die scholastischen Argumente gegen die Vielzahl der Welten. Die Gesprächspartner dieses Dialogwerkes sind wiederum ein Wortführer Filoteo und verschiedene Stichwortgeber, darunter ein Fracastorio, der offenbar an den Renaissancephilosophen Girolamo Fracastoro (1478–1553) erinnern soll, der durch ein Lehrgedicht über die neue Krankheit Syphilis und ein naturphilosophisches Buch *Über die Sympathie und Antipathie der Dinge* bekannt ist, das sich, wenn auch in anderer Weise, ebenfalls von der aristotelischen Naturtheorie deutlich absetzt. Der Vertreter der aristotelischen Position im fünften Dialog wird neu eingeführt mit dem Namen Albertino, und es ist gerätselt worden, ob es sich um eine historische Person im Umkreis Brunos handeln könnte. Vermutlich handelt es sich aber um eine Anspielung auf scholastische Autoren, denn Albertino ist die Verkleinerungsform von Albertus und viele der von Bruno verwendeten Argumente finden sich sowohl im Kommentar zu Aristoteles' Schrift *De caelo* (mit der Bruno sich hier auseinandersetzt) durch Albert den Großen († 1280), als auch in den Quaestionen dazu durch Albert „den Kleinen" von Sachsen († 1390). Albertino übrigens läßt sich von Filoteo überzeugen, gerade weil Bruno die scholastische Argumentation beherrscht, denn, wie Bruno mehrfach sagt, ohne die Scholastik kann man seine Philosophie kaum verstehen, und wer die Scholastik beherrscht, hat leichten Zugang zur richtigen Philosophie (DI 498; OL I 2, 243 u. 482). Es sei an dieser Stelle auch erwähnt, daß eine spätere Schrift Brunos, die *Summa terminorum metaphysicorum*, in der er unter anderem die Prädikate Gottes in dreißig Stufen abhandelt, nach seinem Tod als scholastisches Begriffslexikon nachgedruckt wurde. Wie immer seine Argumente im einzelnen aussehen mögen, man kann besonders an dieser Schrift und an ihrem lateinischen Gegenstück *De immenso* (1591) feststellen, daß Brunos Kosmologie in den Lehrstücken ganz auf den scholastischen Spekulationen der letzten zweihundert Jahre basiert, sowie auf der Argumentation des Aristoteles selbst, nur daß er sie an den entscheidenden Punkten umkehrt.

Die Denkbarkeit einer unendlichen Welt und vieler Welten wurde mit zunehmender Ausführlichkeit diskutiert. So spricht der erwähnte Albert von Sachsen von der Vorstellbarkeit vieler Welten, sei es als konzentrische Ringe (was der aristotelischen Elementenlehre entspricht, wonach Erde, Wasser, Luft und Feuer in konzentrischen Schalen geschichtet sind), sei es „wie Kugeln in einem Sack", oder auch so, daß die Sterne und Planeten als Welten so wie die Erde zu verstehen seien (l. 1, q. 13, dist.). Albertus Magnus – um ein anderes Beispiel zu nehmen – hatte in seinem Kommentar zu *De caelo* (l. 1, 13 Kap. 5) festgestellt, daß es nur eine Welt geben könne, weil es auch nur einen „Ersten Beweger" geben kann, der wie zuvor bewiesen, immateriell ist. Aus einem Beweger könne nur eine Bewegung und nur ein einziges erstes Bewegtes hervorgehen, und folglich seien alle bewegten Dinge in einem System, so daß es nur eine Welt und nicht viele geben könne. Dies bringt auch Albertino sinngemäß vor (DI 508), worauf Bruno antworten läßt, daß es hinsichtlich der unendlich vielen Welten auch unendlich viele Beweger gebe, die sich aber auf einen Beweger zurückführen lassen, so wie alle Zahlen auf Eins zurückgehen, indem die unendliche Zahl mit der Eins zusammenfällt. Was Bruno hier ablehnt, ist die stufenweise Hinordnung der Vielzahl der bewegten Dinge auf den einen „Ersten Beweger", vielmehr faßt er die Einheit als das innerlich durchgehende Prinzip der Vielzahl der Welten auf, und er verweist hier ausdrücklich auf *De la causa*.

Der „Erste Beweger", der in Aristoteles' *Physik VIII* und *Metaphysik XII* als abschließende unendliche Instanz der in sich endlichen Welt begründet wurde, war im christlichen Aristotelismus mit Gott identifiziert worden. Brunos „Eins" als Ersatz dafür legt also pantheistische Vorstellungen nahe. Aber schon sein Lehrer Matthias Aquarius hatte sich ganz in der Tradition seiner Zeitgenossen mit dem Verhältnis von Gott und Welt in der Kosmologie ausführlich befaßt und dabei die These aufgestellt, Gott sei ein Teil des Universums; zur Rechtfertigung unterscheidet er den Begriff „Welt" 1. als die bewohnte Erde, 2. als Aggregat aller Körper einschließlich des Himmels, 3. als Gesamtheit der Schöpfung einschließlich der Engel und 4. schließlich als die Gesamtheit aus Gott, Engeln und allen Körpern – und in diesem Sinne ist Gott Teil der Welt, wenn er auch nicht die Welt ausmacht, sondern nur sozusagen hinzugezählt werden muß (Blum 1990). Damit aber löst sich die Schichtung der Welten, die Bruno gelegentlich als Zwiebelkosmos bezeichnet (DI 472), von selbst auf. Scholastiker wie Aquarius müssen deshalb untersuchen, ob der

Himmel sich von den irdischen Dingen dadurch unterscheidet, daß er keine Materie enthält. Eine mögliche Lösung war, daß der Himmel zwar Materie enthält, daß sie aber von anderer Art ist als die irdische Materie, denn andernfalls hätte die Materie nicht mehr die Funktion, die sie seit Aristoteles hatte, nämlich die Formen zu vereinzeln und die Möglichkeit, die in den Formen steckt, in endliche Wirklichkeit zu überführen. Albertus Magnus wies ausdrücklich darauf hin, daß der Materiebegriff nur durch seine reine Potenz zur örtlichen und wesentlichen Bestimmung durch die Form definiert ist, daß man also nicht annehmen darf, daß es eine absolute Materie gibt, die einer absoluten Form gegenübersteht. Er greift damit den berühmten Kommentator des Aristoteles, den Araber Averroes an, der behauptet hatte, die vier Elemente seien die Materie des Himmels, wodurch der Himmel in die Nähe einer Universalform gerückt wird, so daß die einzelnen sinnlichen Dinge nur Sonderfälle des universalen Ganzen sind. Auch in diesem Punkt rückt Brunos Theorie dem Averroismus nahe, indem er keine substantiellen Formen und keine rein potentielle Materie der einzelnen Dinge annimmt.

Wie die ganze Schrift *Über das Unendliche* so ist auch speziell die Serie von Argumenten und Gegenargumenten des fünften Dialogs in *De immenso* ausführlicher zu finden, auch wenn dort die scholastische Form mehr verborgen ist (OL I 2, 242ff.).

Zusätzlich zu dem naturtheoretischen Problem des Aristotelismus mußte sich Bruno auch mit einem schwerwiegenden theologischen Problem auseinandersetzen, das in seinen italienischen kosmologischen Dialogen immer wieder zum Vorschein kommt, nämlich der Theorie von der Allmacht Gottes im Verhältnis zur Endlichkeit seiner Schöpfung. Durch die neuplatonische Interpretation der christlichen Offenbarung war dieses Verhältnis als ein Verhältnis zwischen Unendlichem und Endlichem zu denken, und es war der christliche Neuplatoniker Proklos († 485), dessen Schriften seit dem 13. Jahrhundert auch im Lateinischen vorhanden waren und die teilweise von Marsilio Ficino wieder übersetzt wurden, der die Formel gefunden hatte, daß die Endlichkeit der Welt mit zur Vollkommenheit des unendlichen Gottes, des Einen, gehört. Vor allem seit im 13. Jahrhundert die christliche Theologie mit den Begriffen der aristotelischen Metaphysik interpretiert wurde, dachte man die Wirklichkeit als die Realisierung einer

Möglichkeit, als den Akt einer Potenz. Der Ursprung aller Potenz war der unendliche Gott. Da nun aber der Begriff der Potenz den Doppelsinn von schierer Möglichkeit und ausführender Macht hat, wurde das Ungleichgewicht zwischen dem unendlichen, allmächtigen Gott und der endlichen, fehlerhaften Welt als eine Unterscheidung innerhalb des Begriffes der Potenz Gottes verstanden, nämlich als *potentia absoluta* und als *potentia ordinata* (absolute Macht und geordnete/angewandte Macht). Eine Interpretation war die, daß die Macht Gottes, absolut betrachtet, uneingeschränkt und unendlich ist, während sie in der tatsächlichen Ausführung aus dem eigenen Willen Gottes zu dem beschränkt ist, was realisiert wird. Eine andere Interpretation war die, daß zwar die angewandte Macht dem gewöhnlichen Lauf der Dinge entspricht und insofern begrenzt ist, die absolute Macht aber beständig im Hintergrund steht und wirksam ist, d.h. nicht bloß hypothetisch oder theoretisch. Denn nur die reale und wirksame absolute Macht Gottes kann zur Erklärung der Ereignisse dienen, die jenseits des natürlichen Laufs der Dinge eintreten, d.h. der Wunder, wie etwa jenes in der Bibel berichtete, als die Jünglinge im Feuerofen nicht, wie es der Natur des Feuers entsprochen hätte, verbrannt sind.

Zum Verständnis dieser komplizierten Unterscheidung, die vielfach diskutiert wurde und eine lange Geschichte hatte, in der Bruno nur eine Episode ist, sei an eine späte Fortsetzung davon erinnert, nämlich an die Definition des Souveräns im Staat: Der Souverän als Machthaber ist dadurch definiert, daß er insofern über den Gesetzen steht, als er über den Ausnahmezustand entscheidet, und das heißt, daß er eine Macht hat, die beim gesetzmäßigen Ablauf der Staatsgeschäfte im Hintergrund bleibt und nur im Ernstfall wirksam wird. Diese Macht könnte aber nicht wirksam werden, wenn sie nicht dauernd präsent wäre und gegenüber den gewöhnlichen Abläufen ein Plus hat, das im Normalfall nicht in Erscheinung tritt.

Die Konzeption der *potentia absoluta* in Gott diente in der aristotelischen Scholastik zur Begründung für die Existenz einer endlichen Schöpfung ohne eine Schmälerung der Allmacht Gottes. Aus eben diesem Grund durfte diese Allmacht aber nicht nur hypothetisch sein. Nun hat entsprechend der aristotelischen Denkform von Möglichkeit und Wirklichkeit jede Potenz einen

Gegenspieler im Akt. Da die Welt endlich ist, muß Gott in der absoluten Macht einen Überschuß an nicht realisierter Macht haben, und Thomas von Aquin erklärt dies damit, daß der unendlichen absoluten Macht ein adäquates Objekt fehlt (*Summa theologiae* I 7, 3; Granada 1994). Neben anderen hatte der Renaissancephilosoph Palingenius Stellatus (P. A. Manzoli, † 1543; *Zodiacus vitae* 1534–37) gefordert, daß der unendlichen Macht Gottes eine unendliche Welt entsprechen müßte, und in diesem Sinne erwähnt Bruno ihn lobend (OL I 1, 17; OL I 2, 292). Er kritisiert ihn aber auch im achten Buch der Schrift *Vom Unermeßlichen* (*De immenso*), die wie erwähnt die Argumentation von *De l'infinito* wieder aufnimmt, weil eine einfache und direkte Entsprechung von unendlicher Allmacht und unendlicher Schöpfung eben diese Schöpfung unerkennbar und unwirklich macht. In der Konzeption des Palingenius entspricht dem Gott ein Elysium ohne Materie, ohne Raum, Körper, Gewicht, Masse, Maß und Zahl und folglich ohne einzelne Arten (OL I 2, 303 f.). Physikalisch ausgedrückt: Ein simpler Pantheismus ist keine wissenschaftsfähige Naturerklärung. Aber Bruno übernimmt den Gedanken der Entsprechung von absoluter Potenz und ihrem Objekt, die Thomas von Aquin ausdrücklich für ungleichgewichtig erklärt hatte, und postuliert, daß die Allmacht Gottes aktiv ist und ihr deshalb ein unendliches Wirkungsobjekt entspricht, nämlich die unendliche Welt. Diese Welt aber muß zugleich konkret sein, wenn sie denn wirklich und nicht einfach identisch mit Gott sein soll. Deshalb ist das Objekt der Schöpfung Gottes nicht eine einzige, noch dazu endliche Welt, sondern unendlich viele Welten eines unendlichen Kosmos. In ausdrücklicher Polemik gegen einen nicht näher bestimmten scholastischen Gegner, Priester genannt, sagt Bruno deshalb zu Beginn des dritten Buches von *De immenso*:

„Du nimmst eine aktive Potenz in Gott an, der deiner These nach keine passive Potenz entspricht ... Wir wollen annehmen, daß jenes willentlich Tätige göttlich und unveränderlich ist, in dem der Wille der Macht nicht widerspricht, und in dem die Macht dem Willen genüge tut, ja selbst der Wille ist, weil er so nur wollen kann, was er will, und nicht seiner Unbeweglichkeit, Einheit und Einfachheit ermangeln kann, wie er auch nichts machen kann außer, was er will. Auch deshalb unterstellen wir ihm keine Unterscheidung zwischen absoluter und angewandter oder gewöhnlicher Potenz [absoluta, ordinata, ordinaria], weil das kein Zeichen von Freiheit ist, sondern ein offener Widerspruch in sich. Wenn man so will, ist es eine Vollkommenheit in uns

Menschen, daß wir vieles tun können, was wir nicht tun, aber es ist eine Blasphemie, Gott von Gott verschieden und seinen Willen mal so mal so sein zu lassen, nämlich einen, der mit der Macht gleichläuft, und einen anderen, der der Macht widerspricht, wieder einen anderen, der zum Besseren oder Schlechteren von Gegensätzen neigt." (OL I 1, 320)

Das Bündel von theologischen und philosophischen Problemen, das Bruno in diesem Satz präsentiert, läßt sich so zusammenfassen: Die Unterscheidung zwischen der absoluten und der angewandten Potenz und ebenso die Unterscheidung zwischen der Allmacht Gottes und ihrem Objekt ist aufgehoben, jedoch nicht zur Vergöttlichung der Welt und auch nicht zur Verweltlichung Gottes, sondern mit dem Anspruch, auf diese Weise sowohl ein adäquates Tätigkeitsfeld des allmächtigen Schöpfergottes als auch eine Begründung für die Vervielfältigung der Dinge bis ins Unendliche geliefert zu haben. In *De l'infinito* läßt er den Aristoteliker Albertino sagen: Obwohl Gott viele Welten schaffen könnte, folgt daraus nicht, daß es sie gibt, denn zusätzlich zur aktiven Potenz Gottes ist eine passive Potenz der Dinge vonnöten, aber nicht jede aktive Potenz geht in eine passive Potenz über, sondern nur die, die ein proportional entsprechendes Objekt hat, das einen solchen Wirkungsakt aufnehmen kann (DI 512). Bruno spottet, dann ergehe es Gott wie dem Musiker, der zwar spielen könne, es aber nicht tue, weil ihm das Instrument fehlt (DI 358): „Warum wollen oder können wir glauben, die göttliche Wirksamkeit sei müßig?" (DI 380; vgl. OL I 1, 238)

Zu Beginn von *De immenso* stellt er als eines der ersten Prinzipien der Naturphilosophie auf:

„Für die unendliche Ursache und das Prinzip gibt es nichts Großes, ja überhaupt nichts als das Unendliche: wenn es sich also den körperlichen Dingen mitteilt oder vielmehr sich in die Existenz der körperlichen Dinge und der Vielheit ausfaltet, muß es sich ein Objekt als Abbild (soweit das möglich ist) und als Spur der Potenz vornehmen, das an Größe unendlich und ohne Zahl ist ... Im Unendlichen ist die Natur so groß wie die Potenz, der Akt und die Wirkung, was ebenso leicht zu bestreiten ist, wie es unmöglich ist, es zu beweisen." (OL I, 242)

Bruno weiß, daß er hier eine Entscheidung trifft, die schon der gesamten scholastischen Theologie der Schöpfung zugrunde lag, die er nur in der entgegengesetzten Richtung fällt. Hatten seine theologischen Zeitgenossen und Vorgänger für einen Überschuß an Macht im unendlichen Gott zwecks Rechtfertigung der Endlichkeit und Mangelhaftigkeit der Welt optiert, so entscheidet er sich jetzt für einen wirklich allmächtigen Gott, dem eine proportional unendliche Welt entspricht, in der Hoffnung, damit besser als zuvor die Endlichkeit der Welt als Schöpfung eines Allmächtigen begreifbar zu machen. In den an dieser Stelle folgenden Grundprinzipien seiner Argumentation (OL I 1, 242–244) taucht auch wieder die lullistische Denkform auf, die für seine Bild- und Gedächtnistheorie grundlegend war, nämlich die Identität von Können, Handeln, Wollen, Wesen, Möglichkeit, Wirklichkeit und Wille, die alle auf Wahrheit hinauslaufen. Die Einheit von göttlichem Wollen und Handeln, deren Unterscheidung für die thomistische, aber vor allem die spätere voluntaristische Scholastik so wichtig war, läßt er nicht gelten mit der Folge, daß Notwendigkeit (der Natur) und Freiheit (Gottes) eins sind, so daß Gottes Freiheit eben darin besteht, nach der Natur zu handeln, die er selber schafft, und gleichzeitig darf der unendliche Wille bzw. die unendliche Macht nicht „frustriert" (243) werden, weil dies eine innere Einschränkung bedeuten würde.

Auch an dieser Stelle, nebenbei bemerkt, berührt Bruno eine Reihe von Problemen, die später von Spinoza aufgegriffen werden. Sie waren aber auch in der Renaissance akut. So hatte sich schon der Florentiner Humanist Coluccio Salutati († 1406) mit dem stoischen Schicksalsbegriff befaßt, wobei es ebenfalls um die Frage ging, inwiefern eine allgemeine Naturgesetzlichkeit die Freiheit des Menschen einschränkt, und inwiefern in christlicher Interpretation, wenn Gott der Urheber des Schicksals ist, entweder Gottes Freiheit durch den Lauf der Dinge beschränkt oder aber durch Gottes Freiheit der Lauf der Welt unvorhersehbar ist, und schließlich, welche Rolle dann die Handlungsfreiheit des Menschen spielen kann. Der letzte Gesichtspunkt, die menschliche Freiheit, ist in dieser Diskussion bei Bruno nicht thematisch, wohl aber die Freiheit Gottes. Es scheint, daß die Freiheit des Menschen in Brunos Konzeption unwichtig wird, weil Bruno sich sozusagen auf den Standpunkt des Allmächtigen stellt, von dem aus alle Aktivität uneingeschränkt voranschreiten kann, und das heißt bis ins Einzelne, ins Unendliche. Hatte später Leibniz die Metaphysik als die Grundfrage formuliert: „Warum ist eigentlich etwas und nicht vielmehr nichts?", so versucht Bruno offenbar dieselbe Frage in einer anderen Formulierung zu beantworten, nämlich: „Warum ist eigentlich Endliches und nicht vielmehr nur Unendliches?"

Die von der christlichen Theologie dominierte Auslegung der Allmacht Gottes verfolgte, wie erwähnt, ein doppeltes Ziel, in dem die *potentia ordinata* den gewöhnlichen Lauf der Naturdinge garantierte und die *potentia absoluta* Wunder, sozusagen paranatürliche Ereignisse, aufgrund des Überschusses der göttlichen Macht gegenüber der Natur ermöglichte. Indem Bruno den Unterschied zwischen der aktiven und der passiven Potenz und folglich auch den zwischen der absoluten und der angewandten Potenz aufhob, setzte er nicht nur den unendlichen Kosmos und den unendlichen Schöpfer sachlich gleich (auch wenn Unterschiede noch denkbar sind), sondern schloß auch die Möglichkeit von Wundern aus. Denn Wunder, da sie übernatürlich sind, erklären keine Naturereignisse und lassen ein Ungleichgewicht zwischen ordnender Macht und geordneter Welt zu. Außerdem werden Wunder in der Regel als besondere Zeichen Gottes an den Menschen interpretiert, was den Gedanken einschließt, daß es zwischen Gott und den Menschen eine Kommunikationsform, nämlich die Offenbarung, gibt, die jenseits der Natur liegt, aber doch in der Natur stattfindet, nämlich punktuell und unabhängig von der Heiligen Schrift. All dies kann für Bruno nicht gelten. Aus Anlaß der zeitgenössischen Diskussion um die Natur der Kometen kritisiert er diejenigen, die von außernatürlichen Zeichen Gottes sprechen: „Als ob es wahrhaftig keine besseren und besten Zeichen der Gottheit gäbe, als die im gewöhnlichen Ablauf, unter denen auch diese vom üblichen nicht abweichen, wenn uns auch ihr Ursprung verborgen ist." (OL I 2, 51, vgl. 228) Die Allmacht Gottes erweist sich also in ihrer Regelmäßigkeit. Wunder fordern dazu heraus, die Allmacht Gottes zu verstehen, indem ihre Natürlichkeit nachgewiesen wird. Schließlich stellt sich die Frage, ob es für Bruno überhaupt eine besondere Kommunikationsform Gottes mit den Menschen gibt.

Eine Generation später hat der französische Pater Marin Mersenne (1588–1648) diese Gefahr und den Zusammenhang zwischen der Kosmologie Brunos und seiner Theorie der Phantasie und des Gedächtnisses deutlich gesehen (er war ein Freund Descartes' und vieler anderer Wissenschaftler seiner Zeit). In seiner Verteidigungsschrift gegen *Die Unfrömmigkeit der Deisten,*

Atheisten und Libertiner unserer Zeit (*L'impiété des Déistes, Athées et Libertins de ce temps*, Paris 1624, X, 229ff.) zeigt er den logischen Zusammenhang zwischen der All-Einheits-Philosophie, wie sie in *Von der Ursache* vorgetragen wird, und der Seelenwanderungstheorie, die besonders in der Schrift *De minimo* (I 3, OL I 3, 142f.) vorkommt. Denn es gibt nur eine Substanz und folglich ist jede Änderung nur Änderung an dieser Substanz, so als würde die Weltseele mal diesen, mal jenen Körper aufnehmen: „Nur durch die unteilbare [individuelle] Seele sind wir, was wir sind, denn um diese, wie um ein Zentrum, das überall ganz ist, verstreuen und sammeln sich die Atome. Deshalb erstreckt sich bei der Geburt und Jugend der bildnerische Geist in diese Masse, in der wir bestehen und breitet sich vom Herzen her aus ... Geburt ist also die Ausweitung des Zentrums, das Leben das Bestehen der Sphäre, der Tod der Rückzug ins Zentrum." (OL I 3, 143) Mersenne weist darauf hin, daß an dieser Stelle die individuelle Seele bestritten wird, ja, daß sogar die Freiheit Gottes negiert wird, denn „Gott ist dermaßen an diese Erde gebunden und seine Unendlichkeit an die endlichen Dinge, daß er ohne sie nicht allmächtig und unendlich sein kann" (232). Nach dieser Feststellung erinnert er an die Schrift *Sigillus sigillorum*, in der die Seelenkräfte, die zur Erzeugung von Bildern gebraucht werden, geschildert werden, jedoch so, daß dadurch Phänomene erklärt werden, die wir heute parapsychologisch nennen würden und die für Mersenne Zeugnisse von Wundern und Heiligmäßigkeit sind. So werden in der ersten sogenannten „Kontraktion" die Fähigkeiten der Seele durch Konzentration auf den Ort, also etwa durch Rückzug in die Einsamkeit, mit Beispielen belegt, zu denen unter anderem auch die Wundertätigkeit Jesu von Nazareth gezählt wird, die durch seine Überwindung des Teufels in der Einsamkeit der Wüste möglich geworden sei. In einem anderen Beispiel wird die vorübergehende Entrückung in den Himmel, die sowohl Thomas von Aquin als auch der Apostel Paulus erfahren haben, ausdrücklich nicht als Wunder bezeichnet, sondern als eine Leistung der natürlichen Kraft des Geistes durch Konzentration in der Betrachtung. Für die Geschichte der Religionskritik und ihrer Verteidiger ist der Zusammenhang, den Mersenne herstellt, wertvoll: Jede „spiritistische" Welterklärung tendiert dazu, die Transzendenz wegzuerklären, den Unterschied zwischen Geistigem und

Materiellem zu nivellieren. Umgekehrt ist Religion abhängig von einem ausbalancierten Verhältnis zwischen Natürlichem und Übernatürlichem, menschlich Verständlichem und Wundersamem, Gewöhnlichem und Außergewöhnlichem. Für die Interpretation der Philosophie Brunos zeigt dieser Beleg, daß Bruno mit seiner Weltbeseelungslehre, mit seiner Theorie der Phantasie und der Kreativität des menschlichen Geistes gerade nicht der Spintisiererei, der Zauberei oder dem Okkultismus das Wort reden, sondern vielmehr umgekehrt „Wunderbares“ als natürlich darstellen will.

VI. Religion und Ethik für das Volk und den Heros

Die ersten drei italienischen Londoner Schriften Brunos handeln also von seiner Naturphilosophie und ihrer metaphysischen Begründung. Die Herausgeber der *Dialoghi italiani* haben sie deshalb als *dialoghi metafisici* bezeichnet im Unterschied zu den folgenden drei, die unter dem Titel *dialoghi morali* laufen. Denn in der Tat war zu sehen, daß die metaphysische Begründung der Kosmologie „moralische" Konsequenzen hat, insofern sie die Freiheit des Menschen und die Religion betrifft. Von den folgenden drei Dialogen handelt die Schrift *Spaccio de la bestia trionfante*, gewöhnlich übersetzt als *Vertreibung der triumphierenden Bestie*, von einer Art Reformation des Himmels mit wichtigen religionsphilosophischen Konsequenzen, die *Cabala del cavallo pegaseo* (*Kabale des Pegasischen Pferdes*) mit einem Anhang *Asino Cillenico* (*Kyllenischer Esel*) ist eine sehr komplexe Satire, eine Art „Lob der Torheit" im Stil von Erasmus von Rotterdam, die Dialoge *Degli eroici furori* (*Heroische Leidenschaften*) bestehen aus Interpretationen von Dichtungen und enthalten in der Hauptsache eine Erkenntnistheorie und eine Art Metaphysik. Alle drei Schriften setzen unverkennbar die kosmologische und metaphysische Argumentation der vorangehenden Dialoge fort.

Jedoch wird man sich sofort fragen müssen, ob es denn unter den bisher gesehenen Voraussetzungen überhaupt eine Ethik bei Giordano Bruno geben kann, wenn man unter Ethik – sei es im Anschluß an Aristoteles, sei es im Anschluß an die Stoa, den Epikureismus oder das Christentum – eine Theorie menschlicher Handlungen, Motivationen, Normen, Pflichten und Vorschriften, Werten und Tugenden versteht oder auch einfach eine Disziplin innerhalb der Philosophie neben Logik, Physik und Metaphysik oder als Teil der praktischen Philosophie, die auch Ökonomie und Politik einschließen würde. Brunos Dialoge handeln weder von einer individuellen Ethik, noch von einer Theorie sozialen Verhaltens, obwohl in ihnen viel von Tugenden und Lastern die Rede ist. Die Gründe dafür werden sich bald zeigen.

Die Dialoge von der *Vertreibung der triumphierenden Bestie* inszenieren eine Konferenz der griechischen Götterwelt zwecks Reform des Himmels. Im Anschluß an verschiedene Vorbilder, unter anderem den griechischen Autor Lukian und den Renaissancephilosophen Leon Battista Alberti († 1457) mit seinem Dialog *Momus,* bietet Bruno eine Satire über die griechischen Götter, ein literarisches Genre, das im gebildeten England seinerzeit durchaus modisch war und ihm erlaubte, unter dem Deckmantel der Satire provokante Thesen anzubieten. Hauptsprecherin der Dialoge und Sprachrohr des Verfassers ist Sophia, die Weisheit selbst. Sie berichtet von dieser Diskussion, wobei dem Göttervater Jupiter und Momus, dem traditionellen Kritiker der Götterwelt, die Hauptrollen zukommen.

In seiner Programmrede berichtet Jupiter, wie die klassischen Sternbilder in der Mythologie durchwegs mit moralisch bedenklichen, lasterhaften Aktionen verbunden sind, so daß symbolisch gesprochen der Himmel, der bekanntlich voller Sterne und voller Götter ist, zu einem breiten System von Lastern und einem Symbol für den Verlust der Götterverehrung (DI 598) heruntergekommen ist. Die Sternbilder und die Sterne werden im einzelnen in ihrem mythologischen Zusammenhang und in Beziehung zueinander gesehen, so daß beispielsweise auch Jupiters Raub der Europa und des Ganymed abgebildet sind. Deshalb schlägt er vor, den Himmel dadurch zu reinigen, daß diese Figuren vertrieben und – „damit der Himmel nicht leer bleibt, sondern besser als zuvor kultiviert und bewohnt wird“ – durch Tugendbegriffe ersetzt werden (DI 613). „Wir müssen uns innerlich und äußerlich reinigen. Ordnen wir also zuerst den Himmel, der intellektuell in uns ist, und dann den sichtbaren, der sich körperlich den Augen zeigt, entfernen wir aus dem Himmel unseres Geistes den Bären der Verderbtheit, die Lanze der Ablenkung, ... den Herkules der Gewalt, die Leier der Verschwörung, das Dreieck der Unfrömmigkeit ...“ usw. (DI 611). Grundsätzlich nennt Jupiter dies eine Konversion zur Gerechtigkeit, denn „da wir von ihr entfremdet waren, sind wir von uns selbst entfremdet, so daß wir nicht mehr Götter, nicht mehr wir selbst sind. Kehren wir zu ihr zurück, wenn wir zu uns zurückkehren wollen“ (DI 610). Es geht also darum, die „triumphierende Bestie zu vertreiben, d.h. die Laster, die vorherrschen und immer das Göttliche verhüllen“ (DI 561), und so kommen im Laufe der folgenden Diskussion an die Stelle des Bären die Wahrheit, an die Stelle des Drachen die Klugheit etc.

Bruno stützt sich unverkennbar auf die umfangreiche Literatur zur Astronomie und zur Mythologie der Griechen, etwa auf Aratus, Ovid, Hyginus und andere. Aber es geht nicht um Astrologie oder Astronomie, sondern um die Kombination von sichtbaren Himmelsfiguren, Göttern und abstrakten Begriffen. Wenn daher Jupiter sagt: „Auf, auf, ihr Götter, laßt uns vom Himmel diese Larven, Statuen, Figuren, Bilder, Portraits, Vorgänge und Geschichten unserer Gier, Begierde, Raub, Schande, Verachtung und Flecken entfernen“ (DI 611), dann leuchtet sofort ein, daß es sich hier um ein Bildprogramm handelt, das ähnlich wie die Bilder der Mnemotechnik konstruiert ist, indem astronomische und mythologische „Figuren“ als Bilder interpretiert werden, die komplexe Verhältnisse und „Geschichten“ in sich zusammenfassen und nun in einen Diskurs von Moralität oder in ein Tugendsystem überführt werden sollen. Die geforderte Rückkehr der Götter zu sich bedeutet also nicht mehr und nicht weniger als eine Neuinterpretation der Botschaft, die ein mythologisches System für den Menschen haben kann.

Dennoch verkündet Bruno hier keineswegs eine neue Ethik. Im Einleitungsbrief, diesmal an den englischen Dichter Philipp Sidney, der wie üblich die Absichten der Schrift markiert und den Inhalt zusammenfaßt, stellt er nur eine solche Ethik in Aussicht. Er nennt seinen Dialog ein Vorspiel zu einer künftigen Moralphilosophie: „Diese drei Dialoge werden nur als Material und Grundlage einer künftigen Kunst [*artificio*] vorgelegt, denn da ich vorhabe, die Moralphilosophie nach dem inneren Licht, das in mir die göttliche, intellektuelle Sonne eingestrahlt hat und noch einstrahlt, darzustellen, scheint es mir praktisch, zuerst einige Vorspiele nach Art der Musiker vorzustellen ... Und mir schien, ich kann das nicht angemessener ausführen als dadurch, daß ich alle Formen von Moralität, nämlich die wichtigsten Tugenden und Laster, aufzähle und in eine bestimmte Ordnung bringe“ (DI 554). Die Dialoge über die *Heroischen Leidenschaften* werden zeigen, was Bruno mit der Rede vom göttlichen Licht meint. An dieser Stelle können wir aber davon ausgehen, daß – wenn es so etwas wie eine Moralphilosophie geben soll – sie eine Kunst, ein System phantastischer Bilder sein wird. Denn auch in dieser Einleitung gibt der Verfasser Hinweise, die Götter und Sternbilder des *Spaccio* als System von Begriffen nach Art der dreißig Bilder oder Statuen in den mnemotechnischen und logischen Schriften zu lesen, ist es doch seine ausdrückliche Absicht, „die Ordnung, bildliche Darstellung und Anordnung, den Methodenschlüssel, den Baum, das Theater und das Feld der Tugenden und Laster" (DI 555) vorzustellen. Dies sind alles Fachbegriffe aus der Mnemotechnik. So dürfen wir also Jupiters Aufruf zur intellektuellen, inneren und äußeren Reform als Programm der begrifflichen Interpretation und bildlichen Darstellung von Moralbegriffen verstehen.

Daraus folgt auch, daß Bruno keineswegs – wie man zunächst annehmen könnte – die griechische Mythologie radikal in Frage stellen möchte. Vielmehr wendet er seine Theorie der Anwesenheit universaler Prinzipien in der endlichen Welt und der Figuration von komplexen begrifflichen Zusammenhängen in Bildern auf ethische Prinzipien an. Die göttlichen Bilder laden zur Permutation abstrakter Aussagen über Tugenden und Götter ein. „Reinigen wir den inneren Affekt, denn aus der ‚Information' dieser inneren Welt wird es nicht schwer sein, zur ‚Reformation' der sensiblen und äußeren Welt voranzuschreiten", sagt Jupiter (DI 612). Information ist aber eines der Schlüsselwörter der Theorie von Erkenntnis und Leidenschaften bei Bruno. So heißt es in den *Eroici furori*, daß der „gut geformte Affekt die Körper oder die körperliche Schönheit liebt, insofern dieser die Schönheit des Geistes anzeigt" (DI 992), womit die intellektuelle Gestaltung des Gefühls gemeint ist, die allein in der Lage ist, geistige Schönheit vermittels körperlicher Schönheit zu empfinden. Denn die Schönheit, so heißt es in diesem Zusammenhang, wird nicht von den körperlichen Verhältnissen abstrahiert, sondern durch den Intellekt im Verstand „geformt", so daß die intellektuell erstellte Schönheit zum Abbild oder Schatten des Göttlichen wird (DI 996). Erinnert man sich an dieser Stelle des Verhältnisses von Materie und Form im Universum nach *Von der Ursache*, wonach die Materie sich aus sich selbst heraus gestaltet (DI 263), und verknüpft diesen Gedanken mit der Bildtheorie Brunos, dann kann er gar nicht Bilder radikal ablehnen, sondern nur für ihren richtigen Gebrauch plädieren. Deutliches Anzeichen dafür ist die Tatsache, daß durchaus nicht alle Bilder vom Himmel „vertrieben" werden, und das gilt besonders für das Bild des Altars.

Der Altar – und wir dürfen selbstverständlich an den Tisch des christlichen Meßopfers denken – steht hier für Religion, Frömmigkeit und Glauben im Gegensatz zu Leichtgläubigkeit und Aberglauben, Unfrömmigkeit und Atheismus (DI 570, 825). Für ihn, so sagt Jupiter, gibt es keinen Platz auf der Erde, vielmehr soll er als Heiligtum am Himmel stehen „wie eine Reliquie oder wie eine Planke des gesunkenen Schiffs der Religion und des Götterkultes" (DI 602). Mit diesem Bild nähern wir uns der Spitze der Religionskritik Brunos, die dem Kult zwar kritisch gegenübersteht, ihn aber nicht in Bausch und Bogen ablehnt, sondern in angemessene Formen bringen will. Denn zum Priester dieses Altars erhebt Jupiter den Zentauren, das Fabelwesen halb Mensch halb Pferd. Momus, der Hofnarr des Olymp, lästert über ihn als einen Menschen, der in ein Tier versetzt oder ein Tier, das im Menschen gefangen ist, in dem „eine Person aus zwei Naturen geschaffen ist und zwei Substanzen in einer hypostatischen Union zusammenkommen" (DI 823). Mit hypostatischer Union bezeichnet die christliche Theologie die Vereinigung von göttlicher und menschlicher Natur in Christus. Der Zentaur steht also für die Person Christi, wobei proportional die tierische und menschliche als die menschliche und göttliche Natur zu verstehen sind. Momus lästert weiter über die Paradoxien dieses Konzepts, so auch die, daß der Mensch, wenn er sich als göttlich erweisen will, wie ein Tier erscheinen muß, was man theologisch so übersetzen kann, daß Gott sich in seiner Gottheit gerade dadurch erwiesen hat, daß er in Christus Mensch geworden ist (DI 824).

Jupiter schneidet alle diese Blasphemien mit dem Dekret ab, der Zentaur Chiron sei ein höchst gerechter Mensch gewesen und deshalb am würdigsten, denn im himmlischen Tempel bei diesem Altar gebe es keinen anderen Priester als ihn, und dann fährt Jupiter in blasphemischer Anspielung auf Christi Leib und Blut im Meßopfer fort: „... mit jenem Opfertier in der Hand und einer Opferflasche am Gürtel". Momus gibt nach und erläutert: „Wenn er jenes Tier, das er in der Hand hält, wohl ausgeteilt hat, ist es unmöglich, daß ihm jemals das Tier mangelt, denn er selbst und allein kann als Opfer und Opfernder, nämlich als Priester und Tier dienen", und Jupiter fügt hinzu: „Von hier sollen Bestialität, Ignoranz und unnütze und gefährliche Fabel verschwinden; und wo der Zentaur ist, soll die gerechte Einfachheit und die moralische Fabel bleiben." Christus, in der traditionellen theologischen Metaphorik das Opferlamm, ist zugleich Hoherpriester der Religion; Opfer, Geopfertes und Opfernder sind in ihm identisch.

Bruno bestätigt eine fundamentale Wahrheit der christlichen, besonders der katholischen Theologie – jedoch nur, um sie als Symbol, als Reliquie einer untergegangenen Religion und als moralische Geschichte zu retten. Indem er die Heilsbotschaft vom Opferlamm und von den zwei Naturen Christi als moralische Fabel darstellt, will er sie nicht völlig zerstören, sondern als ein in ein Bild gefaßtes moralisches Prinzip darstellen. Aus seiner Perspektive ist nicht das Christentum an sich der Feind, sondern die „nutzlose und verderbliche Fabel" (DI 825). Dabei verwendet Bruno erkennbar die schulmäßige Unterscheidung von Religionen nach Augustinus (*Civitas Dei* 6, 5; Thomas, *Summa theol.* II-II 94, 1) in natürliche, fabulöse und politische Theologie. Dieser Faden läßt sich in der Richtung der moralischen Fabel und in der der falschen Fabel verfolgen.

Sophia und die Götter präsentieren ein breites Spektrum religionsgeschichtlichen Wissens, bei dem außer den griechischen Göttern vor allem den ägyptischen Kulten eine besondere Rolle zukommt, deren Kenntnisse Bruno aus den sogenannten „Hermetischen Schriften" bezogen haben mag, jener Literatur also, die dem mythischen, ägyptischen Priester Hermes Trismegistos zugeschrieben wurde und die bis ins 17. Jahrhundert und darüber hinaus hoch angesehen war, ferner bezieht er sich eindeutig auf die Schrift des Iamblich *Über die Mysterien der Ägypter* bzw. auf die *Rede an Asclepius*, die von dem lateinischen Schriftsteller Apuleius überliefert war und den griechischen „Hermetischen Schriften" zugerechnet wurde. Auch hier kommt es dem Philosophen nicht auf die Feinheiten der Unterscheidung, sondern auf die Vergleichbarkeit der Phänomene an.

In einem Vergleich der griechischen, ägyptischen und christlichen Religion beginnt er mit dem Kontrast, daß die göttlichen Namen von der Gottheit abgeleitet sind, andererseits aber Jupiter nichts als ein König auf Kreta war, ein sterblicher Mensch, ebenso wie Venus einst eine besonders schöne Königin auf Zypern gewesen sein soll. Aus diesem Paradox von göttlichem Ursprung und menschlicher Gestalt erklärt er die Anbetung als menschliche Ordnung und Brauch, hervorragende Menschen als Götter anzubeten, weil sich die Gottheit in ihnen den Menschen mitteilt: „Sie beteten nicht Jupiter an, als wäre er die Gottheit, sondern die Gottheit, als wäre sie in Jupiter" (DI 779). Während also in Jupiter die göttliche Weise der Mitteilung verehrt wurde, wurde, laut Bruno, in dem ägyptischen Weisen Hermes die göttliche Weisheit, Auslegung und Präsenz verehrt. Ohne das Christentum ausdrücklich zu nennen, schließt er den Gedanken mit der Überlegung, daß „in diesem und jenem Menschen nichts als der Name und die Repräsentation der Gottheit gefeiert wird, die durch deren Geburt sich herabgelassen hat, den Menschen sich mitzuteilen und mit deren Tod die Gottheit ihr Werk als vollendet ansah oder in den Himmel zurückkehrte" (DI 780). Dieser oder jener, irgendein Mensch diente der Gottheit dazu, sich durch seine Geburt den Menschen mitzuteilen, und dieses Werk der Mitteilung ist mit dem Tod des Menschen, in diesem Falle des gekreuzigten Christus, entweder vollendet oder aber die Gottheit kehrt in den Himmel zurück.

Was Bruno mit dieser undeutlichen Formulierung offenhält, ist die Alternative, ob die Gottheit in den Menschen, in denen sie sich mitteilt und repräsentiert ist, stirbt oder aufersteht. In einem bildlichen Sinne läßt Bruno die zweite Möglichkeit durch die Rehabilitierung des Zentauren gelten. Für seine religionsgeschichtliche Verknüpfung von griechischem, ägyptischem und christlichem Mythos dient eine Stelle in der *Apostelgeschichte* (14, 11; DI 780) als Beleg, in der eine Menschengruppe, nachdem Paulus einen Lahmen geheilt hatte, rief: „Die Götter sind den Menschen ähnlich geworden und zu uns herabgestiegen", und dann Barnabas als Jupiter, Paulus als Merkur (Hermes) priesen. Im Anschluß daran bekräftigt Bruno, daß Menschen aller Zeiten die Götter in Tieren und anderem angebetet haben, weil die Gottheit zu bestimmten Zeiten und an bestimmten Orten nacheinander und zugleich sich immer wieder in verschiedenen sterblichen Dingen befindet, wobei sich die Gottheit in ihrer Ähnlichkeit und nicht in ihrer Abstraktheit und Absolutheit gegenüber den endlichen Dingen zeigt (DI 780). Weil also das Göttliche sich in unzähligen

Formen ausbreitet und mitteilt, hat es auch unzählige Namen und wird auf unzählige Weisen mit jeweils eigenen und passenden Mitteln gesucht und dementsprechend in unzähligen Riten verehrt, weil wir Menschen auch unzählige Weisen von Gnade von ihnen erbitten (DI 781). Kult und Ritus spiegeln für Bruno also die universale Mitteilung Gottes in seiner Schöpfung wider.

Die zeitgenössischen Theologen setzten große Mühe daran zu beweisen, daß der äußere Kult, also wörtliche Gebete, kirchliche Rituale und sichtbare Darstellungen des Glaubens keineswegs der Religion äußerlich oder gar fremd sind, daß sie schon gar nicht Idolatrie (Götzenanbetung) sind, sondern wesentlicher Ausdruck des Glaubens und, von Gott selbst geforderte, Gebote sind. Besonders der mit Bruno gleichaltrige, schon erwähnte Francisco Suárez hat diesem Thema eine große Schrift *De religione* gewidmet, die als Kommentar zur Standardquelle, die auch Bruno bekannt sein mußte, nämlich der *Summa theologiae* des Thomas von Aquin (II-II q 81) entstanden ist. Wenn auch nicht ohne satirischen Einschlag, so ist Bruno doch eher auf der Seite des Katholiken als der Protestanten, welche die Eucharistie schwächer interpretierten und den Sinn äußerer Kulte kritisierten. Bruno scheint die Götterverehrung zu verteidigen, weil er einen Gedanken der Aufklärung vorwegzunehmen scheint, daß nämlich die Verehrung des Transzendenten eine Grundform menschlichen Denkens ist, die sich für diesen Zweck Götterbilder sucht, und dies auf der Grundlage der Einsicht, daß der Mensch nicht umhin kann, in den Naturdingen und in allen Menschen die Wirkung eben dieses Transzendenten, des Gottes, zu suchen (vgl. Kant, *Die Religion innerhalb der Grenzen der bloßen Vernunft* III 5). Soweit zunächst die positive Seite der christlichen Symbolik.

Die schädlichen und verderblichen Fabeln bestehen offenbar darin, daß die Menschen über den wahren Sinn der Göttlichkeit und ihrer Präsenz in der Welt getäuscht werden sollen. Hierfür muß in diesem Dialog das Götterbild des Orion büßen. Er wird als Liebling Neptuns und durch die Fähigkeit, Wunder zu wirken und auf dem Wasser zu wandeln, als Metapher für Petrus und somit für den Papst der Römischen Kirche erkennbar. Momus, der ihn so darstellt, erregt sich darüber, daß Orion als Grieche verlangt, daß alles griechisch sein muß: Wenn man hier „griechisch" mit „römisch" übersetzt, dann dürfte Bruno damit den

Anspruch der römisch-katholischen Kirche auf Universalität für die gesamte Christenheit meinen. Orion, so wird vorgeschlagen, soll unter die Menschen geschickt werden, um in einer Umwertung aller Werte (die an Friedrich Nietzsche erinnert) die Menschen glauben zu machen, das Weiße sei schwarz, der menschliche Intellekt sei, wo er zu sehen meint, eine Blindheit, was der Vernunft hervorragend gut und bestens erscheine, sei wertlos, schandbar und extrem schlecht usw. (DI 803f.). Man darf daran erinnern, daß der Gründer des Jesuitenordens, Ignatius von Loyola, in seinen Exerzitien formuliert hatte, daß die Treue zur Kirche auch verlangt, etwas für schwarz zu halten, wenn sie es lehrt, selbst wenn es den Augen als weiß erscheint (*Regulae 13*). Unter Anspielung auf den Apostel Paulus wird Orion zugeschrieben, Philosophie für Verrücktheit und Heldentum für Feigheit zu erklären, vor allem aber die Anmaßung, Orion selbst sei Jupiter und alle anderen Götter nichts als Phantasiegebilde (DI 804f.). Dies ist die Stelle, die am deutlichsten rechtfertigt, daß der *Spaccio* durchwegs als Satire auf den Papst berüchtigt war, angefangen beim Inquisitionsverfahren bis in die Aufklärung.

Brunos Tirade zielt im weiteren gegen jede Art von Betrügern, die die Dummheit der Massen ausnützen und dadurch das zivile Leben zerstören (DI 805f.). Orion wird also entmachtet und an seine Stelle treten Fleiß, Kriegsordnung und Militärkunst, „damit das Vaterland, Frieden und Autorität sich erhalten können" (DI 807). Es fällt auf, daß Bruno einerseits die Falschheit der Kulte nicht an der Wurzel entlarven kann und sie andererseits um der politischen Ordnung willen bekämpft. Denn religiöse Kulte haben für Bruno im ganzen Text zwei Funktionen: die theologische hinsichtlich der Repräsentation des Göttlichen in der Welt und die politisch-moralisch-soziale hinsichtlich der Ordnung des zivilen und individuellen Lebens. Die religiösen Symbole haben also nicht ausgedient, sondern werden durch Überlegung und Interpretation neu ins Recht gesetzt. Dazu gehört bei ihm auch der Drang nach Ruhm und heldenhaften Gesten (DI 651).

Abgesetzt werden Götter, die sich anbeten lassen (und auch Spinoza wird später sagen, daß Gott der Ehre durch Anbetung nicht bedarf), denn da sie „höchst glorreich in sich selbst sind, so daß ihre Glorie nicht von Außen vermehrt werden kann", haben sie die Gesetze und die Religionen nicht gegründet, um Ehre zu erhalten, sondern vielmehr, um Ehre den Menschen zu vermitteln (DI 657; eine Anspielung auf Thomas, *Summa theol.* II-II 81 a 7, wo allerdings Unterwerfung des menschlichen Geistes das Ziel ist). Denn der Götterkult ist um der Menschen und der sozialen Ordnung willen gemacht. Dies aber setzt voraus, daß die Menschen verantwortlich und erfolgreich handeln können. Deshalb findet Brunos Spott noch eine andere Zielscheibe, nämlich die protestantische, vor allem calvinistische Reformation, die in seiner Darstellung „die Handlung und den Akt guter Werke für Irrtum halten, weil sich die Götter nicht darum kümmern, bei denen die Menschen nicht gerecht sind, wie groß sie auch sein mögen" (DI 654 f.). Bruno nennt das eine „erfundene Religion" (DI 655) und fordert, daß man die Bedeutung einer Religion an den Früchten erkennen soll, womit er zugleich Religionsgemeinschaften als soziale Organisationen versteht, die das Recht und die Pflicht haben, Gesetze zu erlassen und durchzusetzen, die dem menschlichen Zusammenleben zugute kommen.

Brunos Religionskritik enthält in satirischer und verschlungener Form die wesentlichen Elemente neuzeitlicher Religionsphilosophie, nämlich die Einschränkung der Funktion der Religion auf moralische und politische Steuerung einerseits und auf natürliche Theologie andererseits. Dieser zweite Aspekt wird sofort deutlich, wenn man daran erinnert, daß er die Vielfalt der Kulte und die Verehrung von Göttern in Tieren, Pflanzen und dergleichen damit begründete, daß sie Spiegelungen der Anwesenheit der Götter in der Welt seien: „Die Ägypter kamen dazu, lebende Bilder von Tieren anzubeten und die Götter in dieser Form zu verehren ..., denn man muß wissen, daß die Tiere und Pflanzen lebendige Wirkungen der Natur sind; diese Natur aber ist nichts anderes als Gott in den Dingen" (DI 776). „Natura est Deus in rebus" (Natur ist Gott in Dingen) ist die Formel, die Brunos Kosmologie mit seiner Religionsphilosophie verknüpft. Ging es Bruno in seinen kosmologischen Schriften um ein Begründungsprinzip der Erkennbarkeit der Natur, das er in dem, sich in unendlicher Vielfalt mitteilenden, Einen identifizierte, so dient ihm dieses Eine auch zur Erklärung religiösen Verhaltens. Denn Zugang zum Göttlichen – sei dies nun als Schöpfer und Erhalter oder als Sinnressource menschlichen Verhaltens zu verstehen –

gibt es nur durch die endlichen Erscheinungen, die sowohl aus kosmologischen als auch aus erkenntnispsychologischen Gründen als Manifestationen oder Repräsentationen, d.h. als irgendwie bestimmte Formen der Anwesenheit des Göttlichen zu sehen sind. Auf demselben Wege, auf dem sich das Göttliche den Menschen mitteilt, hat der Mensch Zugang zum Göttlichen. Eine Form des Zugangs ist die religiöse Verehrung und deshalb laufen im *Spaccio* Religion, Politik und Kosmologie parallel.

Dennoch hat Bruno keine vereinfachte Physikotheologie zu bieten wie sie im 17. und 18. Jahrhundert entstand und die meisten Diskussionen bis heute bestimmt, wenn es um das Verhältnis von Naturwissenschaft und Religion geht: Die Gesetzlichkeit und Erkennbarkeit der Natur ist Gottesbeweis, Naturwissenschaft vielleicht sogar etwas wie Gottesdienst, aber dieser Gott, auf den man vielleicht im Sinne eines Urhebers des Schöpfungsplans, den man in den Naturgesetzen nachvollzieht, schließen kann, dieser Gott hat für die Wissenschaft und die Orientierung in der Welt überhaupt keine praktische Relevanz. Solche Art Beruhigung religiösen Denkens durch Wissenschaft, solcher Säkularismus ist Bruno fremd.

Dies läßt sich an der Hauptfigur der Geschehnisse, Jupiter, ablesen. Er ist nämlich selbst zwitterhaft. Er ist einerseits „Vertreter und Statthalter des ersten Prinzips" (DI 555, 560 u. 641f.), andererseits wird er als durchaus menschlich dargestellt. Er ist ein endliches Wesen unter allen anderen, und gerade in dieser Doppelfunktion als Anführer der Götter und als wandelbares Individuum, das erwachsen, alt und weise wird, „repräsentiert er jeden von uns" (DI 560, vgl. 556). Die innere Reformation, von der er anfangs spricht, ist also die Reformation des Menschen, die innere Bildung zur Erkenntnis der Natur Gottes und der Prinzipien der Moral. Somit könnte es den Anschein haben, als wollte Bruno eine individuell-ethische Handreichung bieten, die für jeden Menschen gilt. Man muß aber darauf achten, daß er einerseits eben doch einen Götterfürsten seine Entscheidungen, gelegentlich auch gegen die Meinung der anderen versammelten Götter, treffen läßt und daß er in der Einleitung ausdrücklich diese Schrift nur als Präludium zu einer künftigen Ethik bezeichnet hatte. Es ist zu erwarten, daß die Schrift über die *Heroischen Leidenschaften* dieses Versprechen erfüllt.

Als Zwischenspiel legt der Nolaner die verhältnismäßig kurze Satire über *Die Kabale des Pferdes Pegasus mit dem Anhang: Der Kyllenische Esel* vor (*Cabala del cavallo pegaseo con l'aggiunta dell'Asino Cillenico*; wenn man das ‚b' in Cabala bilabial ausspricht, klingt es ähnlich wie *cavallo*, so daß sich auch der Sinn „Ritt des Pferdes ..." oder „Stute des Pegasus ..." ergeben kann – Mehrdeutigkeit ist das Mittel der Satire). Diese Schrift, gespickt mit witzigen Sentenzen, mit einer Entschuldigungsrede des Aristoteles über seine Verdummungsabsichten und schließlich mit einer Rehabilitierung des Esels, ist ebenso schwer zu interpretieren wie die Komödie *Candelaio*, weil man bei jedem Satz zurückverfolgen muß, unter welchen Vorzeichen von Scherz, Satire, Ironie oder tieferer Bedeutung er zu lesen ist. In ihr tritt der Orion des *Spaccio* unter der Abwandlung Onorio auf, was zugleich an das entsprechende griechische Wort für Esel und an das lateinische Wort honorius (ehrsam) erinnern soll. Er ist der fliegende Esel bzw. das Pferd Pegasus (DI 884) und agiert zugleich als Götterbote und als Aristoteles. Der Esel wird zudem als Kyllenischer Esel bezeichnet, er gehört demnach zum Gott Hermes/Merkur, der in einer Höhle des Gebirges Kyllene geboren sein soll. Unter den unzähligen Anspielungen, die die Figur des Esels erlaubt, sei auch an den Esel erinnert, auf dem Jesus vor der Passion in Jerusalem einziehend reitet. Die Schrift schließt mit der Rede des Merkur (Hermes, der Götterbote und der ägyptische Weise) an den Esel, der nun zum Akademiker und zur obersten Autorität aller Sekten erhoben wird: „Verkehre mit allen, diskutiere mit allen, befreunde dich, vereinige dich, identifiziere dich mit allen, beherrsche alle, sei alles" (DI 923). Diese letzte Wendung der verschachtelten Satire sagt mindestens soviel, daß derjenige, der alles verstehen will, über allem stehen und sich zugleich mit allem gemein machen muß, so daß er zugleich nichts mehr versteht wie ein Esel und alles durchdringt und übersteigt wie ein Gott.

Aufgebaut ist die Schrift aus drei Dialogen, von denen der mittlere wiederum dreigeteilt ist, während der dritte schlicht ausfällt, weil der eine Partner sich um Erbschaftsangelegenheiten kümmern muß, der andere, ein Pedant, hat die Gicht, und die Hauptperson ist in die Bäder gefahren. Statt dessen gibt es den Anhang vom Kyllenischen Esel. Dem ganzen sind ein Widmungsbrief und eine Deklamation an den Leser vorausgeschickt. Wie es sich gehört, bereiten diese den Erwartungshorizont auf: Empfänger der Widmung ist wohl ein Verwandter Brunos, ein Don Sapatino Savolino – Savolino war der Name von Brunos Mutter, und ein Saulino ist auch der Sprecher Brunos in den Dialogen. Zum Publikum der Schrift heißt es: Nein, weder einem Cavalliere, keinem Priester, keiner Dame, keiner alten Jungfer, keinem Pedanten, noch einem Dichter war die Schrift zu widmen; nur einem „enciclopedico ingegno" paßt diese Schrift, der Theologe, Philosoph und Kabalist ist, denn diese ist „una cabala di teologia filosofica, una filosofia di teologia cabalistica, una teologia di cabala filosofica" (DI 837). Aber damit die Erwartungen sich wieder entspannen, verspricht Bruno dem Leser: „Alles von teilweise nichts, Teil vom Ganzen im Nichts, nichts vom Teil im Ganzen". Und falls uns die Schrift nicht gefällt, sollen wir, bzw. Don Sapatino, sie einem Bauern schenken, der sie unter Pferd und Ochsen verteilt, oder einem Jäger, der sie unter Ziegen und Hirsche bringt, oder einem Dämchen, die sie als Schoßhündchen verwendet, oder einem Kosmographen, der damit zwischen Nord- und Südpol umherschweifen kann. Die einzige klare Auskunft, die wir erhalten, ist, daß Bruno vorhat, seine Leser zu verwirren. Noch ironischer ist die Deklamation an den „studioso, divoto e pio lettore": Hier erfahren wir durch Anspielungen auf die gesamte Eselstopik, daß die Eselsmetapher mit der Ambivalenz von Torheit und Weisheit spielt.

Der Dialog wird mit der Bemerkung eingeleitet, man werde alles folgende für Metaphern, Fabeln, Parabeln, Bilder, Gleichnisse, Mysterien und Tropen halten. Nun wird die Mythologie des *Spaccio* wiederaufgenommen und erklärt, warum der Sitz des Großen Bären und der des Flusses Eridanus unbesetzt bleiben, weil sie nämlich mit der Eselei im Abstrakten und der Eselei im Konkreten umbesetzt würden, und das hätte man dort für eine bloße Parabel gehalten. Nun also werde – wie nie zuvor – der Sinn der Einsicht erklärt, daß Ignoranz und Eselei in dieser Welt Weisheit, Lehre und Göttlichkeit in der anderen Welt bedeute (DI 864). Anhand von Plutarch, Tacitus und anderen wird behauptet, daß die Juden ihre Weisheit von den Ägyptern übernommen und zudem unter dem Zeichen des Esels ihre „Ägyptische Schmach" verhüllt hätten. Saulino/Bruno jedoch verteidigt „dieses heilige Geschlecht", weil es das Licht der Welt hervorgebracht habe, die Juden hätten vielmehr mit Vernunft und freiem Willen den Eselskult gepflegt (DI 869). Es folgen Exkurse, die die heilige Eselei mit der *docta ignorantia* identifizieren und von Formen der Skepsis abgrenzen.

Im zweiten Dialog kommt Onorio hinzu. Er ist ein Exemplar der Seelenwanderung (Metempsychose), die in vorsätzlicher Verballhornung als „metamfisicosi“, als Umnaturung und Transkorporation, bezeichnet wird (DI 885). Eine seiner Inkarnationen war Aristoteles, als der er auf der Basis völliger Ignoranz der Natur die Philosophie pervertiert hat, in einer anderen Inkarnation war er Xenophanes, der hier als Skeptiker gezeichnet wird. Der Pedant fragt daraufhin, wie Onorio durch seine „Supposita“ und „hypostatischen Unionen“ hindurch sein Gedächtnis behalten habe (DI 899).

Die Antwort lautet, daß Onorio als fliegender Esel oder Pegasus nach seinen Abenteuern immer in die himmlische Asinität zurückgekehrt und dort über seine Erfahrungen berichtet habe. Mit plotinischer Neigung der Seele zum Körperlichen sei er immer wieder zur Erde zurückgekehrt unter Hinterlassung seines Sternbildes. Der Fliegende Esel nimmt also sowohl an der Idee der Ignoranz/Weisheit als auch an der Wechselhaftigkeit (*vicissitudo*) der körperlichen Welt teil. So kehrt denn auch Onorio von Zeit zu Zeit von seinen Wanderungen zurück und berichtet die „memoria der Spezies“ (d.h. die Begriffe der endlichen Dinge), die er während seines körperlichen Einwohnens erworben hat, und läßt sie, wenn er wieder in eine irdische Wohnung zurückkehren mußte, wie in einer Bibliothek zurück (DI 892). Diese Bibliothek ist Schmuck und Ziergürtel seiner Tugend am Himmel (man erinnere sich, es handelt sich um eine Fortsetzung des *Spaccio*, in dem die Sternbilder in Tugenden transformiert werden, und Orion trägt einen Gürtel). Denn sie enthält nicht allein das Gedächtnis der Meinungen (*specie opiniabili, sofistiche, apparenti, probabili e demonstrative*), sondern auch dazu die Urteilskraft, die wahren von den falschen zu unterscheiden (DI 900).

Wir dürfen auch hier nicht vergessen, daß es sich um eine Satire handelt, wenn es heißt, daß das in irdischer Weisheit gewonnene Wissen in der Gestalt von Meinung, Spitzfindigkeit, Schein, Anschein und Beweisführung in den Rang der *species intelligibilis* erhoben wird. Alles ist nur Metapher und Fabel, und doch zugleich die himmlische Bibliothek. Aber wenn Onorio empfiehlt, „wenn

Du nicht unter dem Anschein von Lehre und Wissenschaft zuhören magst, dann eben zum Spaß“ (DI 891), dann wird nicht nur die Eselei zur Metapher und nicht allein das maliziöse Porträt des Aristoteles zur Fabel, sondern die ganze in diesem Dialog verbreitete Weisheit wird zur Erzählung. Die Kabbalah wird zur Kabale. Der vorgeblich mißglückte dritte Dialog macht das ganze Werk zu einer unvollendeten Kabbalah, zu einer „Cabala parva, tironica, isagogica, microcosmica“ (DI 912).

Während der Esel eine beliebte satirische Figur, besonders auch in der Renaissance, war, auf deren Vorbilder Bruno großzügig zurückgreift, geben der Begriff „Kabbalah“ und Zitate aus kabbalistischen Schriften einige Rätsel auf. Besonders wichtig sind die zehn „Sephiroth“, die Bruno als Glieder und Verkleidungen des Göttlichen bzw. des Universums bezeichnet (DI 865). Die wichtigste Quelle dürfte das Buch *De occulta philosophia* von Agrippa von Nettesheim gewesen sein, in dem auch die zehn Stufen der Kabbalah vorgestellt werden. Die Kabbalah ist eine Form von Mystik, die in der jüdischen geistlichen Literatur im Laufe des Mittelalters entwickelt wurde und vor der Vertreibung der Juden aus Spanien am Ende des 15. Jahrhunderts dort eine Hochblüte hatte. Auch in Italien lebten jüdische Gelehrte, die sowohl die kabbalistische Tradition, als auch die für die lateinische Kultur wichtigen Quellen der Mystik und des Neuplatonismus pflegten. Giovanni Pico della Mirandola († 1494), Johannes Reuchlin († 1522) und Agrippa von Nettesheim († 1535) waren unter den ersten, die die jüdische Mystik für die christliche Philosophie fruchtbar zu machen versuchten. Eine zentrale Frage der jüdischen Mystik war die Unaussprechlichkeit und Unbenennbarkeit Gottes vor dem Hintergrund der unendlichen Auslegbarkeit der Offenbarung in den heiligen Schriften und in der Welt. In diesem Sinne ist die Kabbalah unter anderem eine Hermeneutik, ein Interpretationsverfahren, und zugleich eine Aufforderung, möglichst große Bereiche des Wissens und des Seins miteinander zu verknüpfen. Das entspricht auch Brunos Mentalität.

Im *Spaccio* gilt für ihn die jüdische Religion ohnehin als Abkömmling der ägyptischen, da Moses bekanntlich in Ägypten ausgebildet worden ist, und deshalb erklärt er die Kabbalah als eine Variante der griechischen Lokalgötter (Neptun für das Meer, Apoll für die Sonne usw.), deren Besonderheit in der hierarchischen Ableitung aus einem ersten, unaussprechlichen Prinzip liege (DI 782f.). Wenn also Jupiter sich ernsthaft fragt, ob er nun ein Gott der Griechen, der Juden, der Ägypter oder anderer ist und welche der Religionen denn Fabeln und welche wahre Geschichten (was sie nicht alle sein können) sei, und wenn es alles Fabeln seien, welches die Mutter und welches die Tochter, so daß es letztlich darauf ankomme, alle Fabeln auf eine einzige Metapher zurückzuführen, die es wert sei, für okkult zu gelten (DI 799), dann wird klar, daß die jüdische Kabbalah für ihn nur eine weitere Einladung zum allgemeinen Synkretismus der Religionen ist bzw. zur Aufhebung der historisch und geographisch verschiedenen Ausdrucksweisen in einer Universalphilosophie.

Nicht daß die hebräischen Weisen etwa Esel wären, sondern sie berichten aus dem Dritten Himmel, und erst recht der Oberesel Onorio berichtet aus der Werkstatt der Götter. Brunos *Cabala* zeigt den Versuch, die Weisheit aus der Perspektive des Allweisen zu sehen – nicht im Aufstieg, sondern im Abstieg. Aus dieser Sicht erst erweisen sich die Philosophischen Schulen als Formen des Betrugs und der Anmaßung, und die irdische Welt ist nicht nur Schauplatz der Wechselhaftigkeit, sondern sie ist zugleich in den Himmel aufgenommen. Die Wechselfälle des irdischen Lebens, der Gang der Geschichte der Weisheit wächst zur himmlischen Bibliothek. Der göttliche Esel redet nicht nur über alles, er ist alles.

Welchen Kredit können wir dann Brunos Sprecher zu Beginn der satirischen *Cabala* geben, wenn er behauptet: „Ich spreche den Sachverhalt genau so aus, wie er vorkommt, und genau so, wie er ist, stelle ich ihn vor Augen" (DI 861)?

Das sechste und letzte Dialogwerk der englischen Periode Brunos, die *Heroischen Leidenschaften* (*Degli eroici furori*) besteht aus einer Serie von Interpretationen zu Sinnbildern und Gedichten, die teils von Bruno selbst, teils von seinem Landsmann, dem Nolaner Luigi Tansillo (1516–1568) stammen, der auch als Dialogpartner auftritt. Das Werk steht nach der äußeren Form in der Tradition poetischer und philosophischer Reflexionen, die mit Dantes *Vita nova* begonnen und in Petrarcas Sonetten ihre für die Renaissance maßgebliche Form erhalten haben; und das gilt auch, obwohl Bruno in der Widmung an den englischen Dichter Philipp Sidney den Petrarkismus angreift. Natürlich handeln die Dichtungen und die daran angeknüpften Reflexionen und Diskussionen von der Liebe, und da Bruno mit der Widmung an den Hofdichter Sidney seine Position im Umkreis der unverheirateten Königin Elisabeth sichern wollte, so daß, wie schon in früheren Dialogen so auch jetzt, auf die Tugend und Intelligenz der Herrscherin angespielt wird, brauchen wir nicht nach einem konkreten Anlaß, nach einer geheimen Geliebten des Dichters und Philosophen zu suchen.

Es gibt daher drei Ebenen, auf denen man dieses Werk lesen kann und sollte, nämlich als Muster philosophischer und lyrischer Dichtung und deren Auslegung in der späten Renaissance bzw. im frühen Barock, als eine Theorie der Erkenntnis und als eine Form platonischer Metaphysik. Auch in dieser Themenstellung ist der Nolaner nicht einzigartig, denn schon in Platons *Symposion* wird die Liebe als Modell und Metapher der Erkenntnis diskutiert, weil die Liebe die am meisten verbreitete Erfahrung des Übergangs von körperlichen zu geistigen Empfindungen, von praktischen und rein theoretischen Einsichten bietet. In seinem Kommentar oder eher seiner Nachahmung des Platonischen Dialogs hatte Marsilio Ficino, in Verbindung mit seinem medizinischen Wissen und seiner neuplatonischen Interpretation Platons, die Theorie der Liebe, der Schönheit und der Erkenntnis mit dem Aufstieg der erkennenden Seele von den körperlichen Daten zur Schau des Einen verbunden.

Stellt man sich die Frage, ob Bruno in dieser Schrift sein Versprechen einer systematischen Ethik einlöst, so darf man sofort feststellen, daß die auch in der Renaissance maßgebliche Schrift, Aristoteles' *Nikomachische Ethik,* hier kaum eine Rolle spielt. Eine der bedeutendsten Leistungen dieses Werkes war die Darstellung der Tugenden als Ausgleich zwischen den Extremen (Standardbeispiel: Tapferkeit als Mitte zwischen Tollkühnheit und Feigheit). Doch genau diese Form der Ausgeglichenheit ist nicht Brunos Botschaft. So sagt er an einer Stelle, daß eine bestimmte sogenannte heroische Leidenschaft nicht in der Mäßigung und im Ausgleich, sondern vielmehr im Exzeß der Gegensätze bestehe (DI 978); denn weise sei man nicht, wenn man zwischen Frohsinn und Traurigkeit ausgleiche, sondern der am wenigsten Traurige sei auch am wenigsten fröhlich und der am wenigsten Fröhliche sei am wenigsten traurig und insofern weise. Die negativen Extreme laufen in einer einzigen Tugend zusammen, während das Laster im Bestehen der Gegensätze vorherrscht. Wieder einmal wird die cusanische Methode des Ineinsfalls der Gegensätze angewendet. Dadurch verläßt diese Argumentation den Bereich der alltäglichen Erfahrung, in der es möglich ist, Emotionen und Umstände gegeneinander aufzuwiegen, und verlegt die ethische Argumentation auf ein metaphysisches Prinzip, nämlich das der Indifferenz, die aber nicht nur eine sozusagen stoische Ausgeglichenheit gegenüber erfahrungsmäßigen Sachverhalten ist, sondern ein die Erfahrung übersteigendes Prinzip der Ununterschiedenheit der Gegensätze in einer intellektuell erfaßbaren Einheit.

Schon an diesem Beispiel ist ablesbar, daß wir in dieser Schrift, wenn überhaupt, dann ein System absoluter Tugenden, nicht aber eine Handreichung individuellen und kollektiven sittlichen Verhaltens erwarten können. Das wird auch aus einer Polemik gegen Aristoteles deutlich, die sich ähnlich in anderen Schriften findet, hier aber offensichtlich den Zusammenhang der Tugenden betrifft. Denn Bruno wettert zunächst gegen solche Philosophen, die die natürlichen Unterschiede zwischen Handwerkern, Bauern, Dienern, Vulgären, Armen und dergleichen sowie Philosophen, Denkern, Besitzenden, Kapitänen, Adligen, Weisen usw. aufheben wollen. Schließlich habe doch „die Natur das Universum in größere und kleinere, obere und untere, berühmte und obskure, würdige und unwürdige Dinge eingeteilt und das nicht nur nach außen, sondern auch in uns selbst, in unserer Substanz selbst" (DI 1114). Ein solcher Fall ist Aristoteles. Er hat, so der Vorwurf, die pythagoreische Lehre bekämpft und wollte mit seinem „logischen Räsonieren allerlei Definitionen, Begriffe, gewisse Quintessenzen und andere Geburten und Mißgeburten phantastischer Überlegungen als Prinzipien und Substanz der Dinge festlegen, weil er mehr die Ansicht des Volkes und der dummen Masse studierte, die man besser mit Sophismen und Äußerlichkeiten, die sich an der Oberfläche der Dinge befinden, gängelt und führt als mit der Wahrheit, die in der Substanz dieser Dinge verborgen und deren Substanz selbst ist" (DI 1114f.). Auch unter den Zeitgenossen, vermutlich ist Petrus Ramus gemeint, gebe es Sprachfuchser, die „in Knabenhintern und der Anatomie von Sätzen und Wörtern alt geworden sind" und deshalb neue Logiken und Metaphysiken ausdachten, weil sie auf den Beifall „der ignoranten Masse" rechnen konnten (DI 1115). (Pedanten sind bei Bruno immer Päderasten, so schon in der Komödie *Candelaio*, weil sie unkontrollierten Eifer mit wissenschaftlicher Unfruchtbarkeit verbinden.) Ethik ebenso wie Logik ist nichts für die Masse. Sie ist für Bruno ein elitäres Geschäft.

Die Tugenden und die damit verbundenen Affekte, d.h. seelischen Bewegungen, die intensive Gefühle und klare Überlegungen verknüpfen, sind in Sonetten dargestellt, sodann auch in Sinnbildern wie Emblemen und Impresen (Devisen). Embleme bestehen aus einem Gedicht, das einen gedanklichen Zusammenhang in Form eines Bildes, vorzugsweise aus der Mythologie, darstellt. Ihm ist eine Überschrift mitgegeben, die zugleich als Motto dient, und in der Regel gehört auch eine Abbildung dazu, in der die im Gedicht geschilderte Situation bzw. der im Motto zusammengefaßte Gedanke dargestellt wird. Seitdem der Humanist Andrea Alciati 1531 zum erstenmal solche Dichtungen mit Abbildern zusammen veröffentlichte, wuchs die Produktion solcher Emblembücher ins Unzählbare. Ihr ästhetischer und hermeneutischer Reiz besteht in der Synästhesie, so daß sowohl das bildliche Begreifen als auch der sprachliche Vollzug und die intellektuelle Analyse angesprochen werden. Impresen oder Devisen haben eine etwas andere Entstehungsgeschichte, haben aber denselben Effekt des Zusammenspiels von Bild und Motto, denn sie sind sozusagen Wappen, in denen eine Persönlichkeit sich seinen Zeitgenossen mit einem Wahlspruch vorstellt, der in einem Bild erläutert wird. Wie alle artistischen Produktionen dieser Art können auch Embleme und Impresen nicht restlos in eine rationale Darstellung übersetzt werden, weil man die Elemente zwar erläuternd reproduzieren und auch die Beziehungen untereinander benennen, nicht aber das Zusammenspiel selbst noch einmal reproduzieren kann, wenn es denn, wie bei Bruno, auf genau dieses Zusammenspiel ankommt, sollen doch die Dichtungen und die Embleme die Einfaltung und Ausfaltung des universalen Prinzips in der Welt und dem Menschen darstellen. Da Bruno nun aber selbst seine Sonette und Bilder erläutert, verringert er zwar einerseits die so beschriebene Spannung, andererseits aber erhöht er sie, weil natürlich sein Text wiederum höchst interpretationsfähig und -bedürftig ist.

Das zweifellos berühmteste Bild aus diesen Dialogen ist der Mythos von Aktaion (I 4, DI 1005ff.): Der Jäger Aktaion ist mit zwei Hunden, die den Intellekt und den Willen repräsentieren, auf der Jagd und entdeckt Diana, die Göttin der Jagd, im Wasser stehend. „Da – Büste und Gesicht schöner als man als Sterblicher und Göttlicher sehen kann ... Er sah es und der große Jäger wurde Jagd". Ihm wächst ein Hirschgeweih, und seine Hunde zerfleischen ihn. „Ich weite meine Gedanken zu einer hohen Beute aus, und diese wenden sich mir zu, geben mir den Tod mit grausigen und wilden Bissen." (DI 1005 f.) Was ist die philosophische Bedeutung des Bildes, daß die Gedanken, die nach dem Hohen streben, den Denker selber auffressen? Eine mystische oder auch neuplatonische Interpretation wird sagen, daß der Mensch, der nach dem Göttlichen, dem Guten, der Weisheit und der Schönheit strebt, die Wildnis der sinnlichen Welt verlassen muß, außer sich gerät und insofern vernichtet wird, als er sich mit dem angestrebten höchsten Gut identifiziert und deshalb nicht mehr derselbe ist, der auf die intellektuelle Suche gegangen war. Etwa in dieser Art würde ein Marsilio Ficino in der ihm naheliegenden Metaphorik des Aufstiegs und des Verlassens des Sinnlichen einen solchen Mythos interpretieren. Bruno unterstützt sie auch bis zu einem gewissen Punkt, wenn er sagt, daß der Tod durch die Jagdhunde das Ende seines Lebens in der wahnhaften, sinnlichen, blinden und phantastischen Welt und den Anfang des intellektuellen Lebens bedeutet; er lebt nun das Leben der Götter (DI 1008 f.). Hinzu kommt, daß Philosophieren immer wieder als „Jagd nach Weisheit" dargestellt worden ist, so etwa bei Nikolaus Cusanus. Dieser hatte festgestellt, daß – so wie alle Lebewesen nach Selbsterhaltung streben – der Intellekt der Weisheit als Nahrung bedarf, so daß diese Form der Jagd ihm natürlich ist (*De venatione sapientiae* 1). Das ungewöhnliche solcher Jagd liegt jedoch darin, daß ihre „Beute" zugleich fern und innerlich im Jäger ist, zumal das denkerische Jagen mindestens Ausdruck der Weisheit ist, wenn nicht gar mit ihr gleichbedeutend.

Deshalb muß man beachten, daß es nicht die Göttin ist, die ihn jagt. Nicht Götter zerfleischen den Jäger, sondern seine eigenen Hunde, seine eigenen intellektuellen Fähigkeiten, mit denen er bis zum Göttlichen vorgestoßen war. Da in einem Gedicht nichts um des Reimes willen geschieht, ist auch zu beachten, daß es in den Versen nicht eindeutig heißt, „der Jäger wurde zur Beute", sondern „zur Jagd", denn im Italienischen kann das Wort für Jagd (*caccia*) auch den Zweck oder das Jagdwild bezeichnen, während das Wort für Beute (*preda*) nur für den erjagten Fang gilt. In der Philosophie des Absoluten sind Jagd und Beute dasselbe. Denn, wie Bruno durch seinen Sprecher Tansillo erläutert, „der Jäger ging zur Jagd und wurde Beute durch die Operation des Intellekts, mit dem er die erfaßten Dinge in sich selbst verwandelt" (DI 1007). Und gleich anschließend beschreibt er den bildlichen Vorgang so: „Aktaions Gedanken suchen außerhalb von ihm das Gute, die Weisheit, die Schönheit im wilden Wald, und in dem Maße, in dem er ihrer gewärtig wird, wird er von solcher Schönheit außer sich gerissen. Er wird Beute und sieht sich in das verwandelt, was er suchte. Zugleich wird er gewahr, daß er selbst die gehetzte Beute seiner Hunde, seiner Gedanken wird, weil er schon die Beute in sich selbst zusammengezogen hat und er die Gottheit nicht mehr außerhalb von sich zu suchen braucht." (DI 1008)

Zunächst einmal handelt es sich um eine bekannte erkenntnistheoretische Feststellung. Die Liebe transformiert und verwandelt den Liebenden in den Geliebten. Im Platon zugeschriebenen Dialog *Alkibiades I* schlägt Sokrates abschließend vor, die Rollen von Schüler und Lehrer zu tauschen (135 d 8), denn dank des liebenden Dialogs kann sich Alkibiades in Sokrates und dieser in den Schüler versetzen. Marsilio Ficinos Liebesphilosphie (*De amore*) geht von der menschlichen Erfahrung aus, daß unerwiderte Liebe ins Leere geht und Erfüllung aus der Gegenliebe vom geliebten Anderen her kommt, und daraus folgt, daß die Liebe jeweils im anderen, nämlich das Denken des Liebenden seiner selbst vergessend in der geliebten Person weilt. Auch bei Ficino, bei Augustinus und vielen anderen ist die Liebe ein Modell oder eine Metapher für das Streben nach Weisheit und Wahrheit, also Philosophie. Gemeinsame Überlegung ist dabei immer wieder, daß der Besitz der Wahrheit, der angestrebt wird, das Denken zugleich vernichtet und wahrmacht. Denn solange man sucht, ist das Gesuchte noch fern, wird es erreicht, verwandelt es den Suchenden, weil – anders als bei körperlichen Zusammentreffen – die Wahrheit dem Intellekt so einleuchtet, daß er selbst weise und der Ort der Wahrheit ist. So heißt es an einer anderen Stelle, daß die Liebe die geliebte Sache in den Liebenden verwandelt wie das Feuer als aktivstes Element alle anderen einfachen und gemischten Elemente in sich selbst verwandeln kann (DI 964). Wenn man die Liebe in philosophische Erkenntnis übersetzt, heißt das in scholastischen Begriffen: der Verstand erkennt die Dinge nur nach seiner eigenen Weise (DI 1007). In einem Beispiel von Thomas von Aquin: Der Stein ist in der Seele nicht als Stein, sondern als sein Bild. Dabei ist zu beachten, daß in dem Vergleich mit dem Feuer nicht das Geliebte, sondern der Liebende mit dem Feuer verglichen wird, der das Geliebte in sich selbst verwandelt. Könnte es also scheinen, als würde der Jäger-Philosoph zur gesuchten Wahrheit selbst, so gilt doch auch, daß die Wahrheit „zum Philosophen wird". Denn solche Wahrheit ist nicht ein Besitz, sondern die Aktivität des Intellekts.

Auch deshalb eignet sich die Liebe als Vergleichsmodell für die Erkenntnis, weil sie gerade als Aktivität von Natur aus unerfüllt ist, jedenfalls in den Aspekten, die den Menschen am meisten bewegen. Denn für Bruno wie für die meisten Renaissancephilosophen, besonders unter neuplatonischem und mystischem Einfluß, ist die Erkenntnis kein Faktum, das um so klarer verstanden wird, in je deutlicheren Begriffen man sie analysiert, sondern in sich selbst eine Paradoxie, die dann am besten philosophisch erfaßt wird, wenn der Punkt des Zusammentreffens der Widersprüche genau bezeichnet wird. Aus der Sicht des Liebenden ist das Werben das Wesentliche und zugleich Quelle von Glück und Verzweiflung. Mag irdische Liebe auch zur Erfüllung kommen, so besteht doch das Wesen der Liebe in der rational nicht beschreibbaren Fähigkeit, aus sich heraus zum Anderen zu streben. So hat es zum Beispiel Marsilio Ficino in seiner Bearbeitung des *Symposiums* beschrieben. Und in analoger Weise ist es die wesentliche Eigenschaft des Intellekts, noch nicht erkannte Ziele der Erkenntnis zu setzen und anzustreben. Die Erfüllung dieses Strebens würde demnach den Intellekt eben der Fähigkeit berauben, die ihn zum Ziel führte. Daraus folgt, daß das Objekt der Erkenntnis nicht aufhört, jenseits des Erkenntnisstrebens zu liegen, und folglich tendiert der menschliche Geist zum Unendlichen:

„Wenn der Intellekt zur Erfassung einer bestimmten und abgegrenzten intelligiblen Form gelangt ist und wenn der Wille einem solchen Begreifen gefühlsmäßig entspricht, dann bleibt der Intellekt hier nicht stehen; denn er wird von seinem eigenen Licht getrieben, an das zu denken, das in sich jede Art des Erkennbaren und Erstrebbaren enthält, bis er mit dem Intellekt den höchsten Rang der Quelle der Ideen, den Ozean jeglicher Wahrheit und Güte ergreift." (DI 1011 f.)

Eine Widersprüchlichkeit der Erkenntnis liegt also darin, daß die Erfüllung ihres Strebens sich immer neue Ziele setzt und die erreichten Ziele dadurch abwertet, daß sie erreichbar waren. In einem Vergleich, der wieder an Nikolaus Cusanus (*Idiota de mente*) erinnert, heißt es, daß der Verstand aus der Tatsache, daß er etwas erkannt hat, schließt, daß es noch Größeres als dies geben müsse; der messende Verstand erkennt alles, was er erkennt als etwas bereits gemessenes, das seinem Streben nicht genügen kann, weil es folglich nicht an sich genügend gut und schön ist. Von seinem – nur infinitesimal erreichbaren – Ziel erfaßt, sucht er nach dem Ungemessenen, dem Unendlichen. Diese Bewegung nennt Bruno selbst eine vergebliche. Und doch, schaut man auf den Begriff des Unendlichen, so gehört zu seiner Unendlichkeit auch dies, daß es unendlich gesucht und verfolgt wird. Solche Suche ist dann freilich keine irdische Jagd mehr, sondern eine „metaphysische Bewegung" (DI 1012). Durch den Perspektivenwechsel vom Jäger auf das gesuchte Unendliche kann der Philosoph diese metaphysische Bewegung als einen „Kreislauf durch die Stufen der Vollkommenheit zu jenem unendlichen Zentrum, das weder geformt ist noch Form" beschreiben. Auf die Gegenfrage: „Und wie erreicht man im Kreislauf das Zentrum?" folgt die klare Antwort: „Das kann ich nicht wissen." Und auf ein Nachdrängen: „Warum sagst du es?" folgt die Empfehlung: „Weil ich es sagen kann und dich darüber nachdenken lassen." (DI 1012f.)

VII. Zurück nach Paris: Herausforderung der Mathematik und des Aristotelismus

Obwohl der italienische Gast die vier ersten seiner Londoner Dialoge im Dezember 1584 der Königin Elisabeth in einem Band überreicht hatte, und obwohl er die beiden im Stil eher literarischen Dialoge *Spaccio* und *Eroici furori* dem Dichter Philipp Sidney gewidmet hatte, mußte er England im Spätsommer 1585 verlassen. Sidney, von dem er sich gewiß Protektion am königlichen Hof erhofft hatte, verlor an Einfluß und ging selbst im November desselben Jahres, um in den Niederlanden zu kämpfen. Die Königin Elisabeth, die Bruno in den *Heroischen Leidenschaften* als „einzige Diana" gepriesen hatte, die unter den „Nymphen Englands" wie die Sonne unter Sternen steht, dieselbe „göttliche Elisabeth", die er in *De la causa* wegen ihrer körperlichen Schönheit, ihrer Bildung und Weisheit gepriesen hatte (DI 936, 951, 222f.), hatte offensichtlich keine Verwendung für den Dichter und Philosophen. Sein Gastgeber, der französische Botschafter Michel de Castelnau, dessen Aufgabe wohl hauptsächlich darin bestanden hatte, die Interessen Frankreichs in dem Sinne zu vertreten, daß er, wie auch schon in früheren Missionen, sich um Ausgleich der Spannungen zwischen den Religionsgruppen kümmerte, wurde nach Paris zurückbeordert. Auf der Reise wurde der arme Philosoph zusammen mit der Familie des Botschafters überfallen und ausgeraubt, doch scheint er immerhin das Manuskript der ersten drei Bücher seines sechs Jahre später veröffentlichten Werkes *De immenso* gerettet zu haben (Vita 387).

In Paris kam Bruno im Oktober 1585 an und fand ein verändertes politisches Klima vor. König Heinrich III. nahm unter dem Druck der katholischen Liga Schutzbestimmungen zugunsten der Hugenotten zurück, so daß Bruno selbst erwog, wieder förmlich in die katholische Kirche einzutreten. Er bat den spanischen Botschafter in Paris, Bernardin Mendoza, in seiner Sache an den Papst, zu dieser Zeit Sixtus V., zu schreiben, was dieser jedoch ablehnte, obwohl oder weil er Bruno noch von England her kannte. Wie schon in Toulouse wandte er sich an einen Jesuiten (hier ein Pater Alonso), der ihm auf seine Beichte hin sagte, er könne nur vom Papst Absolution erhalten (P 176 und 197). Zunächst einmal lebte Bruno in Paris irgendwie als Privatmann und studierte; unter anderem benutzte er die Bibliothek der Abtei Sankt Viktor. Dort las er – gewiß nicht zum ersten Mal – unter anderem das Lehrgedicht über die Natur des lateinischen Philosophen Lukrez (Vita 650), der in der literarischen Form die späteren Frankfurter Lehrgedichte beeinflußt hat und Brunos wichtigste Quelle für den epikureischen Atomismus war. Mit dem Bibliothekar Guillaume Cotin führte Bruno zwei Monate lang gelehrte und private Gespräche, die dieser in seinem Tagebuch zusammenfaßte, so daß wir einiges aus Brunos privatem Leben und seinem persönlichen Denken erfahren (Vita 642–659).

Im Januar 1586 lernte Bruno den Mathematiker Fabrizio Mordente kennen, der nicht nur aus Süditalien (Salerno) stammte, sondern dessen Bruder Gaspare mit Brunos Vater Giovanni zusammen beim Militär gewesen war. Fabrizio Mordente, damals schon 60 Jahre, befaßte sich mit dem berühmten Problem der Quadratur des Kreises und hatte in diesem Zusammenhang eine Art Zirkel erfunden. Da er offensichtlich kein Latein konnte, bot sich Bruno ihm aus Freundschaft und fachlicher Bewunderung an, seine Erfindung in einer lateinischen Schrift der Öffentlichkeit bekanntzugeben. Damit betrat Bruno zunächst einmal ein neues Terrain, andererseits hatte er aber auch schon in früheren Schriften, zum Beispiel in *Sigillus sigillorum* und *De la causa*, geometrische Figuren diskutiert und zur philosophischen Beweisführung herangezogen. Mordentes neuer Zirkel, eine Vorstufe des sogenannten Proportionalzirkels, war nicht nur das einfache zweischenklige Instrument, mit dessen Spitzen man Kreise zeichnen oder Streckenlängen abtragen konnte, vielmehr besaß er an den Spitzen und im Angelpunkt quer zu den Schenkeln sitzende Nadeln, so daß man mit ihm auch Winkel von Kreisen abmessen oder Kreisbögen eines bestimmten Winkels herstellen konnte. Der Erfinder reihte sich damit zunächst einmal in die große Zahl von Praktikern und Theoretikern ein, die im 15. und 16. Jahrhundert an der Lösung geometrischer Probleme arbeiteten.

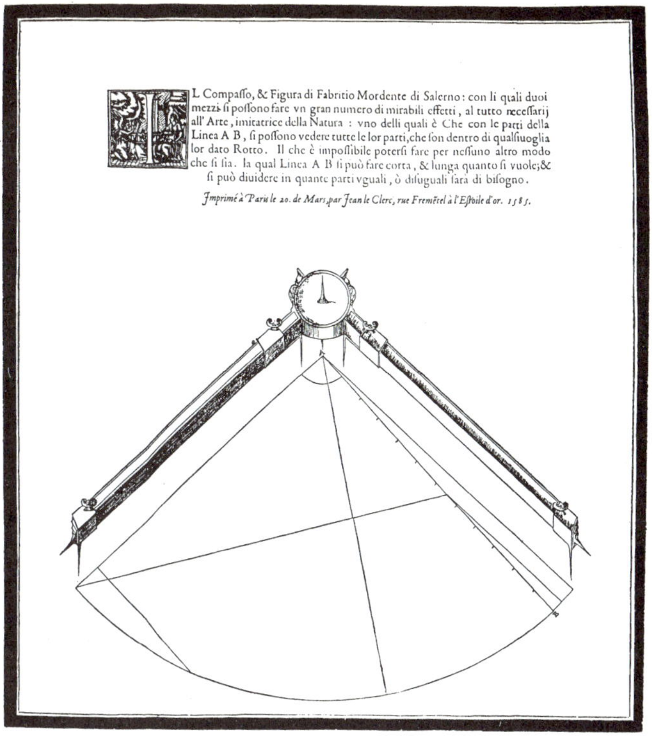

Abb. 5: Fabrizio Mordentes Zirkel nach einem Einblatt-Druck, Paris 1585 (Oxford, Bodleian Library, Ms Canon. Ital. 145, fol. 6): Mit diesem Zirkel „kann man viele wunderbare Effekte erzielen, die für die Technik als Nachahmerin der Natur unbedingt nötig sind".

Denn die Geometrie war eine für die Astronomie, die Geographie, die Architektur und die bildende Kunst entscheidende Technik. Zugleich war sie Mittel und Gegenstand metaphysischer Spekulation, weil sich in ihr Anschaulichkeit und Exaktheit, Theorie und Praxis trafen. Es war ein Gemeinplatz der Renaissancephilosophen, daß die Geometrie deshalb eine Modellwissenschaft sein kann, weil in ihr die Erkenntnis und die Konstruktion zusammenfallen, indem – anders als in der sinnlichen Welt und in der Metaphysik – der erkennende Mathematiker prinzipiell identisch ist mit demjenigen, der die geometrischen Verhältnisse herstellt. Nikolaus Cusanus hatte deshalb an der Geometrie die Ähnlichkeit der menschlichen Intelligenz mit der Schöpfungskraft des göttlichen Geistes gezeigt, um sofort auf die Unterschiede zu stoßen, die sich daraus ergeben, daß die Gegenstände der menschlichen Geometrie letztlich doch endlich sind, so daß das Wesen Gottes genau dort beginnt, wo die Kapazitäten des menschlichen Denkens an ihre Grenzen stoßen. Seit der Antike war der Kreis das Musterbeispiel für den spekulativen Reiz anschaulicher Geometrie, denn der Kreis ist – wie Agrippa von Nettesheim in seiner *Okkulten Philosophie* (II 23) schrieb – „eine unbegrenzte Linie, die keinen Punkt hat, von wo sie ausgeht, und keinen, wo sie schließt, denn ihr Anfang und Ende ist in jedem Punkte, weshalb auch die Kreisbewegung eine unendliche heißt, zwar nicht der Zeit, aber dem Raume nach. Die Kreisfigur ist daher unter allen die umfassendste und vollkommenste." Die Konstruktion des Kreises und damit auch die Maßverhältnisse in Teilen des Kreises, wie Mittenwinkel, Sehnenbogen, eingeschriebene und umschriebene Vielecke waren damit das Feld der theoretischen und der angewandten Geometrie.

Mit Mordentes Zirkel, der auf den zu vermessenden Kreis gelegt wurde, konnte man bestimmte Proportionen quasi mechanisch herstellen. Es ist jedem geläufig, daß es in der Geometrie Figuren und Größenverhältnisse gibt, die entweder nur zeichnerisch mit Zirkel und Lineal hergestellt (zum Beispiel die Diagonale in einem Quadrat) oder nur rechnerisch ermittelt werden können (wie die Umwandlung eines Kreises in ein flächengleiches Quadrat). Die Geometrie vereinigt auch hierin die Spannung zwischen der anschaulichen Praxis und der intellektuellen rationalen Operation, sowie den grundsätzlichen Gegensatz zwischen kontinuierlichen Größen in geometrischen Figuren und diskreten Größen in arithmetischen Zahlen. Deshalb faszinierte Bruno an der Erfindung seines Landsmanns zunächst einmal der praktische Vorteil bei der Herstellung bestimmter Kreislinien und Winkel (OL I 4, 248ff.).

Der philosophische Ertrag dieser Entdeckung liegt jedoch nach Bruno in einer Überwindung des Gegensatzes von zeichnender Geometrie und arithmetischem Kalkül, aus der er die praktische Beweisbarkeit der Existenz von Minima bzw. Atomen schlußfolgert. Mordentius habe „mechanisch und sichtbar durchgeführt", was einen Grundsatz der Naturphilosophie widerlegt, daß nämlich alle Dinge ihrer Form nach nicht ins Unendliche teilbar seien. Denn man müsse zwischen den kleinsten Größen der kontinuierlichen Quantität und der kleinsten Grundlage (*subjectum*), in der die Form enthalten ist, unterscheiden; so enthalte ja auch nicht jede beliebige Materie die Form eines Menschen, wohl aber gebe es eine minimale und eine maximale Masse, innerhalb derer die Form des Menschen realisierbar sei. Mit anderen Worten, wenn man mechanisch teilt, geht irgendwann die Qualität bzw. Form verloren, nicht aber die Quantität; diese aber könne man bis auf ein Kleinstes, ein Minimum teilen, jedoch so, daß die Form dessen, wovon es ein Minimum ist, verlorengeht. Dementsprechend ist der kleinste Teil einer gekrümmten oder geraden, einer regelmäßigen oder unregelmäßigen Linie ununterscheidbar. Wenn also nach der aristotelischen Ontologie und Naturphilosophie die Form ein Ding jeweils bestimmt, so sagt dies noch nichts über die Begrenzung durch die Materie aus. Demnach hat also Mordentius aus der philosophischen Sicht Brunos mechanisch nachgewiesen, daß es letzte Teile der Dinge gebe, und dies in anschaulicher Weise und unter Umgehung „des mühseligen Geschäfts der Arithmetik" (*Idiota triumphans* 14f.).

Der Nolaner vergöttert buchstäblich seinen Landsmann Fabrizio Mordente, jedoch nicht ohne die Ironie, daß er ihm zuschreibt, den philosophischen Sinn seiner Entdeckung nicht verstanden oder auch nur gekannt zu haben. Mit ganz ähnlichen Worten wie er Kopernikus im *Aschermittwochsmahl* gepriesen hatte, stellt er auch den mathematischen Praktiker als jemanden dar, der aus der beschränkten Sicht seiner fachlichen Disziplin eine Entdeckung großer philosophischer Tragweite gemacht habe, die des Genies bedarf, um verstanden und verbreitet zu werden. Auf die Theorie des Minimums und die philosophische Bedeutung der Mathematik wird Bruno in den folgenden Jahren noch mehrfach zurückkommen, vielleicht bedeutete sogar die Begegnung mit Mordente einen Wendepunkt in seiner philosophischen Entwicklung. Sein Landsmann war aber durchaus nicht erfreut darüber, wie seine Entdeckung der gelehrten Welt vorgestellt wurde. In drei von vier kleinen Schriften (zwei davon in OL I 4, alle in *Due dialoghi* ed. Aquilecchia 1957) in Dialogform tritt Mordentius als sein eigener Interpret auf, auch wenn er unverkennbar die Sprache des Philotheus/Bruno spricht, der in der vierten Schrift (*Idiota triumphans*) das Wort führt. Für den Philosophen war es wichtig, den Entdecker als Praktiker, als philosophischen Laien (*Idiota*) herauszustellen, weil dies seiner Meinung vom Pöbel entsprach, daß dieser in der Regel sich der Weisheit und der Potenzen des menschlichen Denkens nicht bewußt ist und dennoch daran teilhat, was die anthropologische parallele Denkfigur zu der Theorie ist, an der Bruno nun arbeitete, daß nämlich die göttliche Weisheit in den endlichen Dingen, bis hin zu den kleinsten Atomen steckt.

Der Mathematiker war einfach beleidigt. Die beiden Italiener in Paris gerieten in Streit, den sie 1588, als sie sich am Hof Kaiser Rudolphs II. in Prag wieder trafen, fortsetzten. Hinzu kam wohl noch, daß sie verschiedenen Fraktionen innerhalb der politischen Spannungen in Paris zwischen Hugenotten, Katholiken und ausgleichenden, sogenannten „politiques" angehörten. Während Bruno seit seiner Protektion durch Castelnau und angesichts seiner eigenen prekären konfessionellen Situation mit den Ausgleichskräften sympathisierte, gehörte Mordente offensichtlich zur katholischen Partei und ebenso sein Gesprächspartner in den Dialogen, Boterus, der mit dem politischen Schriftsteller und Diplomaten Giovanni Botero (1533–1617) zu identifizieren ist, der sich bis Ende 1585 in Paris aufgehalten hatte (*Due dialoghi* S. XXI). Mordente, der von einem Zeitgenossen als Choleriker beschrieben wird, kaufte vom eigenen Geld die beiden ersten Dialoge auf, die für ihn blamabel erschienen, so daß nur zwei Exemplare von ihnen erhalten sind.

Brunos Versuche, wieder in die katholische Kirche einzutreten, scheiterten; er verkrachte sich mit der katholischen Fraktion und verscherzte sich unter den gegenwärtigen Bedingungen die Chancen, am Hof zu reüssieren. Nun bereitete er einen Skandal an der Universität vor. Er veröffentlichte die früher schon erwähnte *Figuratio Aristotelici Physici Auditus ...* (*Schema der Aristotelischen Physikvorlesung, in fünfzehn Bildern zu entfalten zwecks Verständnis und Erinnerung*), die er wie auch den *Idiota triumphans* dem Abt Pietro Del Bene widmete; dieser war ein Anhänger des Königs von Navarra, des Sympathisanten der Hugenotten und Thronfolgers, der als Heinrich IV. erst 1593 endgültig König werden konnte, nachdem er zum katholischen Glauben übergetreten war. Also auch diese Schrift war der falschen Partei zugeeignet.

Im Widmungsbrief verkündet der Verfasser sein wissenschaftspolitisches Programm (OL I 4, 133–135): Da es schon manch einem so ergangen ist, daß er bei seinem Versuch, Aristoteles zu kritisieren, sich durch Ignoranz und Arroganz blamiert hat, und es für besser gilt, mit Aristoteles zu irren, als in das Geschrei seiner Kritiker einzustimmen, kommt es darauf an, erst einmal der inneren Schwäche der aristotelischen Philosophie aufzuhelfen und ihr eine Konsistenz zu geben, die ihr in der vorliegenden Form fehlt. Zu diesem Zweck müssen die inhaltlichen Argumente in numerischer Folge aufgereiht, fehlende Argumente nachgetragen werden, um so das Ganze zu einer möglichen Kritik aufzubereiten. Bei dieser Gelegenheit werden die sinnlosen und verstreuten Lehrsätze zusammengefügt und das ganze unausgegorene Lehrgebäude in Form und Ordnung gebracht. Dann stellt sich heraus, daß die aristotelische Philosophie nicht so etwas wie ein öffentliches Geheimnis ist, sondern nicht mehr Undeutlichkeiten enthält, als man in sie hineingeheimnißt. Der Begriff „Figuratio" im Titel bedeutet also nicht eine äußere Schematisierung, sondern den Anspruch, überhaupt erst Sinn und Struktur in die Naturphilosophie zu bringen, denn es ist ja Funktion der Gedächtniskunst bei Bruno, den zu erinnernden Stoff nicht an irgendwelchen Schemata „aufzuhängen", sondern gedankliche Bilder so zu erstellen, daß sie den inneren Sinn und den äußeren Zusammenhang ursprünglich oder auf intellektueller Ebene herstellen. Die Schrift beginnt mit mehreren Serien von fünfzehn bzw. zehn Bildern, um dann mit einer scheinbar scholastischen Aufgliederung der philosophischen Wissenschaften das Wohlwollen der akademischen Leser zu gewinnen. Der Haupttext der Schrift besteht in einer knappen Zusammenfassung der *Physikvorlesung* des Aristoteles, deren Widerhaken und unorthodoxe Interpretation nur bei einem genauen Vergleich mit dem Text des Aristoteles und seiner Standardkommentare auffallen kann. Intendiertes Publikum dieser Schrift war aber nicht so sehr der Pariser Adel als die Pariser Universität.

Denn am 28. Mai 1586 organisierte Bruno eine öffentliche Disputation am Collège de Cambrai, der Vorgängerinstitution des Collège de France, das zur Universität gehörte, aber vom königlichen Hof unterhalten wurde. Wie bei akademischen Disputationen üblich, schrieb Giordano Bruno den Text und ließ die Thesen durch einen Schüler, den jungen Adligen Jean Hennequin, vortragen. Erklärte Absicht war es, die Pariser Professorenschaft zu einer gründlichen Diskussion der aristotelischen Philosophie zu provozieren. Der Text der Disputation ist in zwei Versionen überliefert: einmal in einem Druck, der 1586 vermutlich vor der Disputation selbst erschien: *Hundertzwanzig Artikel über die Natur und die Welt gegen die Peripatetiker* (*Centum, et viginti articuli de natura et mundo adversus Peripateticos*), sodann zwei Jahre später in Wittenberg unter dem Titel *Proklamation von Cambrai oder Begründungen der Artikel zur Physik gegen die Peripatetiker, vorgetragen in Paris, etc.* (*Camoeracensis Acrotismus seu rationes articulorum physicorum adversus Peripateticos Parisiis propositorum, etc.*; OL I 1). Das Wort „Acrotismus“ ist kein klassisches Latein, es spielt auf das griechische Wort *akroasis* an, was Vorlesung oder Vortrag bedeutet und der Gattungstitel für die aristotelische Physikvorlesung ist, und enthält die sinnliche Vorstellung von etwas Herausgehobenem oder Herausragendem; deshalb und wegen der programmatischen Absicht der Schrift halte ich „Proklamation“ für eine passende Übersetzung.

Der erste Druck hat mit seinen zehn Blättern das übliche Format einer universitären Disputation, wie sie zu dieser Zeit und noch lange später üblich waren. Die zweite Fassung hat einige Artikel neu organisiert und vor allem die Thesen mit ausdrücklichen Begründungen versehen. Denn das Schauspiel einer solchen öffentlichen Disputation bestand darin, daß der Defendent oder Respondent, der Verteidiger der Thesen, zwar die Lehrsätze seines Professors veröffentlichte, sich dann aber in der Disputation zur Verteidigung dieser Lehrsätze zur Verfügung stellte, wobei in förmlichen Prüfungsverfahren ein Opponent bestellt wurde, der sich mit Gegenargumenten wappnete und auf diese Weise den Defendenten auf die Probe stellte. Die Zahl der Thesen, die Bruno vorlegt, vor allem ihr Inhalt geht über das übliche akademische Ritual hinaus. Es sei jedoch daran erinnert, daß rund hundert Jahre früher der Philosoph Giovanni Pico della Mirandola ganze 900 Thesen zur öffentlichen Disputation vorgelegt hatte, wobei auch er den Anspruch erhob, die gesamte Philosophie zu reformieren.

Aus der zweiten Fassung von 1588 können wir entnehmen, mit welchen philosophischen Begründungen Bruno sich und seinen

Schüler Hennequin ausgestattet hatte. Die Pariser Fassung ist König Heinrich III. gewidmet (Reprint des einzigen erhaltenen Exemplars in Peregrinatio 159ff.), wobei der Brief sich hauptsächlich darauf bezieht, daß diese Thesen an der „Fürstin der Universitäten" diskutiert werden sollen. Die eigentliche Überschrift und das kurze Vorwort zum Text weiten jedoch den Anspruch auf ganz Europa aus: Hier werden die „Artikel über die Natur und die Welt" als Thesen, die an den bedeutendsten, ja allen europäischen Akademien vorgetragen werden, bezeichnet (OL I 1, 82). Dementsprechend versteht Bruno seinen Auftritt auch nicht als ein beiläufiges Ereignis an einem einzelnen Kolleg, sondern als Herausforderung an die gesamte Pariser Universität, was er auch in einem Brief an den Rektor dieser Universität, Jean Filesac, zum Ausdruck bringt. Einerseits macht er sich anheischig, seinen Pariser Kollegen zu beweisen, „daß die aristotelische Philosophie für immer mehr als wahr ist" und daß „diese Universität mehr Aristoteles verdankt als Aristoteles dieser Universität" (will sagen, sie ist von Aristoteles abhängig, hat aber nichts zur Kenntnis des Aristoteles beigetragen), andererseits, daß es an dieser Universität möglich sein muß, „in der Philosophie frei philosophisch zu denken und eine eigene Lehre zu vertreten" (OL I 1, 57). Die Programm- und Verteidigungsrede, die der Defendent im Namen des Nolaners gehalten hat, trägt in der Wittenberger Fassung den Titel „Excubitor", Wächter, denn wie die ausgeführte Metaphorik von Licht und Dunkel in dieser Rede zeigt, versteht sich der Verfasser als Hüter des Lichts im allgemeinen Dunkel.

Mit ähnlichen Worten wie schon im *Aschermittwochsmahl* vertritt er die Ansicht, daß natürlicherweise im Laufe der Geschichte Hell und Dunkel, Irrtum und Wahrheit aufeinander folgen, was auch die Konsequenz einschließt, daß eine neue Ansicht der Gegenwart bei genauerem Hinsehen sich als eine antike Lehre herausstellt, die von denen vertreten wird, die etwas von der Natur der Sache verstehen, so wie umgekehrt es keine alte Lehre gibt, die nicht irgendwann einmal neu erschien (I 1, 60f.). Wenn wir dem Verfasser einfach Glauben schenken wollen, daß er seine Thesen in verschiedenen europäischen Universitäten vorgetragen hat, so dürfen wir vor allem an seinen Auftritt in Oxford denken, der ja auch den Zeugnissen nach unter anderem von der aristotelischen Kosmologie gehandelt haben soll, und selbst die ihm vorgeworfenen Zitate aus *Marsilio Ficino* lassen sich vielleicht durch einen genauen Textvergleich ausfindig machen, zumal Bruno seinen 120 Thesen dreimal zehn Lehrsätze über die Natur, das Universum und die sichtbare Welt voranstellt, die er als „pythagoreische und platonische, den Peripatetikern unmögliche Sätze" überschreibt. Es ist unklar, ob Bruno behauptet, diese dreißig Sätze implizit in den 120 Thesen zu verteidigen oder vielmehr sie noch zusätzlich erläutern wollte: Dies könnte dann der Stoff des Oxforder Streitgesprächs gewesen sein.

Als Beispiel für den provokativen Ton sei der erste Artikel zitiert: „Der Gegenstand der Naturwissenschaft: Daß für Aristoteles niemals die natürlichen, körperlichen, beweglichen Seienden Gegenstand der Wissenschaft sind, verstehen die meisten Peripatetiker nicht, und sie hören nicht zu, wenn Aristoteles selbst überall die Natur deutlich beim Namen nennt." (I 1, 83) In seiner Begründung spielt er Aristoteles bzw. die Tradition aristotelischer Naturtheorie gegen sich selbst aus. Er legt den Finger auf eine empfindliche Stelle der aristotelischen Wissenschaftstheorie, die bis heute unter seinen Interpreten diskutiert wird, nämlich die These in den *Zweiten Analytiken*, daß es vom Veränderlichen, Sichtbaren und Beweglichen keine Wissenschaft geben könne, sondern nur vom Beständigen, Einfachen und Unveränderlichen. Dagegen steht die Praxis des Aristoteles selbst, die Natur als Prinzip der Bewegung und den Bereich der Naturwissenschaften genau in den endlichen und veränderlichen Dingen auszumachen. Mit Recht weist Bruno darauf hin, daß einige der naturwissenschaftlichen Arbeiten des Aristoteles, vor allem zur Biologie, als Naturgeschichte zu bezeichnen sind, nämlich als Bestandsaufnahme der natürlichen Dinge und nicht als Philosophie im engeren Sinne. Die von Bruno in seiner ersten These zitierte Lösung der Scholastiker bestand darin, den Gegenstand der Physik als Wissenschaft mit „natürliches, körperliches oder bewegliches Seiendes" zu umschreiben, wobei die Betonung auf „seiend" liegt, denn die Physik bezieht ihre Wissenschaftlichkeit im Sinne des Allgemeinen, Einheitlichen und Einfachen aus dem Begriff des Seienden, der in diesem Falle endlich und vervielfältigt ist. Bruno hält dagegen – und das ist paradigmatisch für seine Uminterpretation des Aristotelismus –, daß Aristoteles die Natur als Prinzip der Bewegung definiert und damit auf „die universale Natur selbst“ abzielt. Die traditionelle aristotelische Philosophie verstand die Natur als Sonderfall des Seienden und sah die Wissenschaftlichkeit der Physik darin gesichert, daß formal richtige logische Schlüsse verwendet werden. Dann aber, so Brunos Kritik, bewegt sich diese Wissenschaft selbst immer nur im Bereich des Sichtbaren, Beweglichen und Einzelnen, ohne die Dinge in einem einheitlichen Prinzip sachlich zusammenzufassen (OL I 1, 83–87).

Wie aber kann dieses einheitliche Prinzip aussehen? Hierfür greift Bruno auf den Unterschied der Begriffe *subjectum* und *objectum* zurück. Subjekt, das Zugrundeliegende, ist für ihn das Thema der Physik in dem Sinne, daß es der universale Gegenstand ist, mit dem sich diese Wissenschaft im allgemeinen und einzelnen befaßt. Objekt dagegen bedeutet im scholastischen Sinne, was im wissenschaftlichen Verstand als Ergebnis des Denkens sozusagen vorgesetzt oder vorgestellt wird. Solche Objekte sind so vielfältig wie die Gegenstände, von denen sie handeln, sie gleichen den Objekten der Technik und des Handwerks, die niemals eine Totalität ausmachen, sondern immer materiell und vielteilig bleiben. Die Natur dagegen soll eine einheitliche, zugrundeliegende Natur sein und in diesem Sinne Subjekt (OL I 1, 89f.). Deshalb favorisiert der Anti-Aristoteliker, wie schon in den erwähnten pythagoreischen und platonischen Thesen festgehalten, den Begriff einer einheitlichen Natur, gegen den Aristoteles ausdrücklich am Beginn der Physikvorlesung argumentiert hatte, nämlich die Natur als „ewige und unteilbare Essenz, Werkzeug der göttlichen Vorsehung, die durch eine ihr innewohnende Weisheit aktiv ist“ (OL I 1, 80). Unter dieser Voraussetzung ist „das am meisten Erkennbare (selbst wenn es nicht erkannt wird) das am meisten Seiende und Konstante, d.h. kein Naturding, sondern die Natur“ (OL I 1, 88). So kehrt er das Ziel der Erkenntnis der Natur um in das Ziel einer Natürlichkeit der Erkenntnis: „Das natürliche Erkennbare ist nichts anderes als die Natur selbst, sie selbst gibt das, was schließlich aus den natürlichen Dingen als das Erkennbare resultiert.“ (OL I 1, 88) Dies ist nur erreichbar, so heißt es gleich anschließend, wenn die wissenschaftliche Aussage der Art und Weise der Natur „wahr zu sein“, entspricht: „Was in allem ist und sich in allem bewahrheitet (*verificetur*) und von allem wahr ausgesagt wird, ist nichts anderes als die Natur.“ Da die Natur sich den Menschen in ihrer Vielfalt und Endlichkeit sowie auch Zufälligkeit zeigt, bedeutet für Bruno Verifikation nicht die empirische oder experimentelle Überprüfung der Richtigkeit wissenschaftlicher Aussagen über etwas einzelnes, sondern genau die Weise der Natur, sich vielfältig zu offenbaren. Dann bedeutet Forschung „Suche nach der Natur", sei es im wissenschaftlichen Sinne in der Weise, daß die Dinge der Natur in der Weise geordnet werden, wie die Natur sie geordnet hat, sei es auch in den einzelnen naturwissenschaftlichen Disziplinen als Naturgeschichte, die in die empirischen Sachverhalte Ordnung bringt (OL I 1, 88f.).

So wie Bruno den Physiker Aristoteles gegen den Wissenschaftstheoretiker ausspielt, so wiederholt er beständig den Gegensatz zwischen logischen und natürlichen Bestimmungen in dessen Theorie. Ergebnis der Naturforschung darf eben nicht ein Konstrukt von Begriffen sein, die bloße Objekte des Verstandes und in sich schlüssig sind, sondern das Ergebnis muß vollständig kongruent mit dem Gegenstand der Erkenntnis sein, so daß „Denken der Natur" mit der „Natur des Denkens" in Übereinstimmung gebracht werden muß. Abschnitt für Abschnitt biegt Bruno den aristotelischen Text im Sinne seiner Kosmologie um, wie er sie schon in den italienischen Dialogen vorgestellt hat. Er macht in einer raffinierten, hermeneutischen Arbeit Aristoteles zum Brunianer, um sich selbst als wahren Aristoteliker präsentieren zu können.

Mit diesem Meisterwerk scholastisch-antischolastischer Polemik möchte der heimatlose Philosoph eine Eintrittskarte in die akademische Welt lösen. Immerhin gelang es ihm ein bis zwei Jahre später, an der Universität Wittenberg private Vorlesungen zur Physik des Aristoteles zu halten, die auch in einer Handschrift überliefert sind und in denen er mit weniger Polemik, aber den gleichen Absichten und der gleichen Textnähe Aristoteles auslegt, um ihn zu zerlegen und zu widerlegen. Es wurde ihm offenbar auch erlaubt, die Programmschrift von Paris in der ausführlichen Fassung auf den Markt zu bringen. In diesen Schriften erhalten wir einen Blick in seine Werkstatt. Denn anders als bei seinen unzähligen, oft verdeckten Bezugnahmen auf andere Autoren läßt sich hier seine Arbeitsweise und sein Umgang mit vorgegebenen philosophischen Quellen beobachten. Bei den vielen anderen Anspielungen muß man, selbst wenn er Namen nennt, mühsam die Stellen ausfindig machen, die er im Gedächtnis oder schriftlich vor

Augen gehabt haben mag, so daß man leicht in Versuchung ist, pauschale Zuweisungen auszusprechen wie: platonisch, stoisch, cusanisch, Vergil, Lukrez, Hermetismus, Neuplatonismus usw. Alle diese Quellen verbindet Bruno in eigenartiger, synkretistischer Weise. Aristoteles aber würdigt er in einer punktuellen und genauen Auseinandersetzung, so daß man feststellen kann, daß wir es hier eindeutig nicht mit vagen Einflüssen oder unkoordinierten Lesefrüchten zu tun haben, sondern mit einem Programm offensiver Rezeption und philosophischer Uminterpretation. Wie er selbst mit anderen Worten sagt, verfolgt er dabei den Dreischritt: Aufnahme – Verständnis – Kritik. Aristoteles wird auf klare Thesen und Probleme hin untersucht und eine Lösung vorgeschlagen, die die gängige Meinung ins Gegenteil verkehrt (OL I 4, 134). Die Kosmologie des Unendlichen resultiert daraus, daß der Begriff des aristotelischen Raums, der Ausdehnung, der Teilung usw. als bloße logische Begriffe denunziert werden, die sich auf Einzelphänomene richten und nicht auf eine „natürliche" Begründung. Alle aristotelischen Naturprinzipien, auch die Ursachen, werden auf ein einheitliches Prinzip hin befragt mit dem Ergebnis, daß es auch nur ein einheitliches Prinzip der Natur geben kann, das zugleich Prinzip des Denkens und der Vervielfältigung sein muß (und insofern auch Prinzip menschlicher Irrtümer).

Daraus folgt eine paradoxe Freiheit und Abhängigkeit gegenüber philosophischen Quellen. Einerseits brüstet Bruno sich mit seiner Unverfrorenheit, die größten Autoritäten des abendländischen Denkens zu widerlegen oder für sich selbst zu instrumentalisieren, andererseits macht er sich oder bleibt er weiterhin von diesen abhängig. Er philosophiert eigenständig und originell in den Kategorien der Tradition. Auf dem Höhepunkt ihrer Diversifikation und akademischen Verbreitung stellt er die zentrale Frage der abendländischen Philosophie, nämlich die, wie überhaupt Theorie von Gegenständen außerhalb des Denkens möglich sein kann. Seine Lösung sucht er jedoch in der entgegengesetzten Richtung, als es schon einige seiner Zeitgenossen und erst recht nach ihm Naturwissenschaftler wie Galilei und Francis Bacon tun, nämlich nicht in Richtung auf Absicherung der empirischen Daten und experimentellen Abläufe, durch die auf methodische Weise die Richtigkeit der wissenschaftlichen Schlüsse festgehalten werden soll, sondern durch Aufhebung der Distanz zwischen dem Denken und seinen Gegenständen. Das kann ihm nur gelingen, indem er die Vielfalt der Gegenstände als Ausdruck von Einheit und die Suche nach dieser Einheit im Philosophieren als Wiederherstellung und eigentliche Herstellung dieser Einheit darstellt. Auf dem Gebiet der Erkenntnistheorie spezialisierte er sich deshalb auf die Operationen des Gedächtnisses als der Fähigkeit, Einheit in Vielfalt zu produzieren, während er im Umgang mit historischen Philosophien die Einheit des philosophischen Problems und die Vielheit seines Ausdrucks als Teil dieses Problems darzustellen versuchte. So weit das Programm.

Die große Disputation war für drei Tage angesetzt, wie man einem Plakat entnehmen konnte: „Jordanus Brunos Nolanus wird nach dem Pfingstfest von Donnerstag bis Samstag, so Gott will, 120 Artikel über die Natur und die Welt, mit Johannes Hennequin als Vortragendem und Respondenten, gegen die Peripatetiker verteidigen. Täglich von der ersten Stunde bis zum Abend im königlichen Hörsaal von Cambrai." Dieselbe Quelle berichtet dann: „Der junge Mann Hennequin hielt eine Rede gegen die Lehre des Aristoteles in Anwesenheit des Nolaners. Nach der Rede forderte der Nolaner alle zum Wettkampf auf. Als niemand vortrat, stieg er auf das Katheder und sprach viel gegen die endliche Welt des Aristoteles; schließlich trat ein Professor vor, der den Nolaner mit Schimpfworten beleidigte und ihn Jordanus Brutus [wie Brutus, der Mörder Cäsars, und lateinisch ‚Tier'] nannte; er brachte verwirrt einige Argumente vor, und als er dem Nolaner nicht die Möglichkeit zugestand, darauf zu antworten, kam es zum Tumult, und die Sitzung wurde aufgelöst. Dieser Nolaner nennt sich einen Aristotelesfresser und Aristoteles den Gott der Ignoranz der Philosophen." (Peregrinatio 108f.) Ein anderer Zeitgenosse berichtet: „Der Nolaner ist immer noch gegen Mordente und schreibt neue Dialoge. Jetzt ist er darauf aus, die gesamte peripatetische Philosophie zu zerstören, und nach dem bißchen, was ich davon verstehe, scheint er gute Argumente zu haben. Aber bald geht er nach Deutschland. Es genügt, daß er in England großen Streit hinter sich gelassen hat; er ist ein netter Kamerad und lebenslustig" (*Due dialoghi* S. XII). Der Bibliothekar Cotin wiederum berichtet über die ganze Affäre: „Giordano saß auf einem kleinen Stuhl nahe der Gartentür, während Jean Hennequin, sein

Schüler, dessen Thesen vertrat." Und über den Tumult berichtet er, Bruno sei möglicherweise den aufgeregten Zuhörern nur deshalb entkommen, weil für den nächsten Tag eine Fortsetzung der Disputation angesetzt wurde, „aber Bruno tauchte nicht auf und seitdem wurde er in dieser Stadt nicht mehr gesehen" (Vita 659). In der Tat findet man das nächste Lebenszeichen von ihm in Deutschland in Marburg.

VIII. „Häuser der Weisheit" in Deutschland: Geschichte, Magie und Atomismus

In seinem Lebensbericht während des Prozesses in Venedig berichtet Bruno, daß er nach den Tumulten von Paris nach Deutschland gereist sei, zuerst nach Mainz, ein bedeutender Sitz des Erzbischofs und Kurfürsten, nach zwölf Tagen wandte er sich zu einem Ort namens Vispure, was vielleicht in Nachahmung des örtlichen Dialekts Wiesbaden heißen kann, um dann, weil er keinen Lebensunterhalt fand, nach Wittenberg zu reisen (P 162). Wohlweislich erwähnt er nicht, daß er zunächst in Marburg, der bedeutendsten calvinistischen Universität, zu lehren versuchte. Da aber der Rektor ihm die Lehrerlaubnis verweigerte, was wahrscheinlich daran lag, daß Bruno sich selbst als Doktor der römischen (katholischen) Theologie eintrug, muß Bruno einen kleinen Skandal angezettelt haben, was seine Abreise nur beschleunigte (Vita 663). Dennoch blieb der Glücklose mit Marburg indirekt verbunden: Es war der spätere Marburger Professor Raphael Egli, der seine Vorlesungen 1591 in Zürich gehört hatte und sie unter dem Titel *Summa terminorum metaphysicorum* 1595 und in erweiterter Ausgabe 1609 in Druck brachte; auch der wegen des Calvinismus mit Marburgern gut befreundete Philosoph Johann Heinrich Alsted veröffentlichte Brunos Wittenberger Rhetorikvorlesung unter dem Titel *Artificium perorandi* 1612 in Frankfurt.

In Wittenberg besorgte ihm ein Landsmann, Alberigo Gentili, den er in London kennengelernt hatte und der an der protestantischen Universität Recht lehrte, die Stelle eines Privatdozenten, in der er, wie schon erwähnt, Vorlesungen zur Logik, zur Rhetorik und zur Naturphilosophie halten durfte. In diesem Kontext ist es wichtig zu wissen, daß Marburg stark unter ramistischem Einfluß stand, während in Wittenberg gerade in dieser Zeit Klagen laut wurden, es „werde auch der Aristoteles nicht gelehsen, ... weil die Ramisterey sehr einreissen, vndt des Herrn Philippi [Melanchthon] in docendo Methodus gedempfft werden will" (Peregrinatio 113). Da Bruno sich regelmäßig abfällig über die ramistische

Methode geäußert hat, ist anzunehmen, daß sein Angebot, über Aristoteles zu lesen, willkommen war. Philipp Melanchthon (1497–1560) hatte die Lutherische Theologie mit einer humanistisch und platonisch durchsetzten aristotelischen Philosophie untermauert und die Universität Wittenberg mit einer neuen Studienordnung zu der führenden Universität des Luthertums gemacht.

Nach den Londoner internationalen und höfischen Intrigen, nach dem permanenten Bürgerkrieg in Frankreich entkam Bruno keineswegs den konfessionellen Kontroversen, vielmehr hatte er nun den deutschen Fleckerlteppich von Kleinstaaten und innerprotestantischen Fraktionen betreten. Denn in der zweiten Hälfte des 16. Jahrhunderts gab es innerhalb des Protestantismus nicht nur Calvinisten und Lutheraner, sondern auch Anhänger Melanchthons, sogenannte echte Lutheraner, Krypto-Calvinisten und noch einige Strömungen mehr. Bruno schildert es vor dem Inquistionstribunal so: „In Wittenberg fand ich zwei Fraktionen vor, die der Philosophen, die Calvinisten waren, und die der Theologen, die Lutheraner waren ... In dieser Zeit [1586] war der Sohn dem alten Herzog nachgefolgt [auf Kurfürst August I. folgte Christian I.], der Calvinist war, und während der Vater Lutheraner war, begann er, die Partei zu unterstützen, die der entgegengesetzt war, die mich förderte“ (P 162). Christian galt als Krypto-Calvinist, förderte also den Calvinismus innerhalb des lutherischen Sachsen. Wir können daraus entnehmen, daß Bruno zu dieser Zeit mehr den Lutheranern zuneigte und seine Förderer unter den Theologen, nicht unter den Philosophen hatte. Da der Einfluß der Calvinisten zunahm, verließ Bruno im Frühjahr 1588 das Sächsische Athen und versuchte sein Glück wieder einmal an einem Hof, diesmal bei Kaiser Rudolph II. in Prag, der dort seit 1583 seine Residenz hatte. Er verabschiedete sich mit einer Rede, in der er seine Philosophie einer Geschichte der Philosophie darlegte.

Schon in das Album der Universität Wittenberg hatte er eingetragen: „Salomon et Pythagoras. Quid est quod est? Ipsum quod fuit. Quid est quod fuit? Ipsum quod est. Nihil sub sole novum“ (Was ist das, was ist? Eben das, was war. Was ist das, was war? Eben das, was ist. Nichts unter der Sonne ist neu). Denselben Spruch schrieb er einem Schüler, Hans von Warnsdorf, ins Stamm-

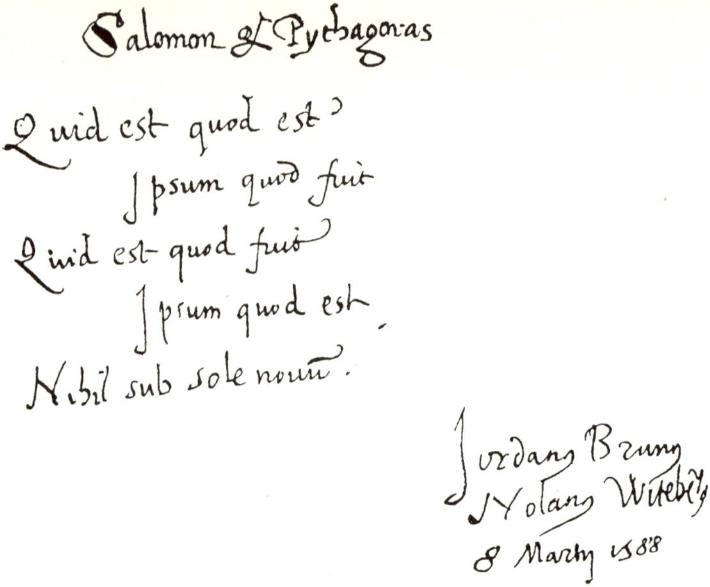
Salomon et Pythagoras

Quid est quod est?
Ipsum quod fuit
Quid est quod fuit
Ipsum quod est.
Nihil sub sole novum.

Iordanus Brunus
Nolanus Witeb.
8 Martij 1588

Abb. 6: Autograph Brunos vom Tag seiner Abschiedsrede von Wittenberg mit seinem Motto: „Nichts unter der Sonne ist neu" (Koh 1,9–10), das er sowohl Salomon als auch (vielleicht nach Jamblich, Die Mysterien der Ägypter*: Marsilio Ficino,* Opera *1576, S. 1901) Pythagoras zuschreibt. Der Spruch steht auf der Rückseite eines Holzschnitts, der die Belagerung der Stadt Nola durch Hannibal darstellt (Original in der Lutherhalle Wittenberg).*

buch (Peregrinatio 121–125). Hieran ist bemerkenswert, daß diese Weisheit zugleich Salomon und Pythagoras, also dem Weisen des Alten Testaments und dem ersten der griechischen, heidnischen, Philosophen zugeschrieben wird. Auch während des Prozesses in Venedig wird er sich auf diesen Spruch beziehen, um seine These zu unterstützen, daß alle Dinge beseelt sind und somit unsterblich, „da es keinen anderen Tod gibt als die Trennung und Verbindung" (P 169). In derselben Erklärung verknüpft er diesen Gedanken einerseits mit der Weisheit Salomons: „Der Geist des Herrn erfüllt den Erdkreis, und das, was alles enthält [, weiß von der Stimme]" („Spiritus Domini replevit orbem terrarum, et hoc, quod continet omnia [, scientiam habet vocis]"; Weish 1,7). Dies wiederum vergleicht er mit dem Spruch des Vergil, der in der gesamten Renaissancephilosophie immer wieder zitiert wird: „Von

Anfang ernährt der Geist den Himmel und die Erde ... von innen, und Vernunft, in alle Glieder eingegossen, bewegt die Masse.“ (Vergil, *Aeneis* VI 724ff.)
Für die zu Gericht sitzenden Theologen war es wichtig, daß Bruno damit ausdrücklich seine Zweifel am Heiligen Geist als dritter Person zu Protokoll gab und ihn kosmologisch mit dem Weltgeist und der Weltvernunft identifizierte. Brunos Motto jedoch: „Nichts unter der Sonne ist neu“ enthält nicht nur diesen spezifisch theologischen und kosmologischen Sinn, sondern auch eine Zusammenfassung seiner Rolle als Philosoph in seiner Zeit. Es handelt sich nämlich um ein Zitat aus dem Buch Kohelet oder Ecclesiastes (1,9–10), das in erster Linie vor der Flüchtigkeit der Weisheit dieser Welt warnt. Dabei ist auffällig, daß Bruno den Wortlaut verändert, und bis heute ist ungeklärt, warum er das tut: Der biblische Text spricht nämlich nicht von Gegenwart und Vergangenheit, sondern von Vergangenheit und Zukunft: „Was ist es, was war? Eben das, was sein wird. Was ist es, was getan wurde? Eben das, was zu tun ist.“ („Quid est quod fuit? Ipsum quod futurum est. Quid est quod factum est? Ipsum quod faciendum est.“) Es handelt sich ohne Zweifel um einen Leitspruch des Nolaners, denn er zitiert ihn mehrfach (DI 247, 324; OL II 1, 44, II 2, 213; III 341; Vita 664, 711; vgl. P 169, 301, 304), so daß man die Veränderung des Wortlautes nicht damit erklären kann, Bruno habe nun einmal aus dem Gedächtnis zitiert (DI 247 Anmerkung) – zumal er für seine Gedächtnisleistung berühmt war.

Die Verschiebung der Zeitverhältnisse von Vergangenheit und Zukunft zu Vergangenheit und Gegenwart lenkt vielmehr den Blick darauf, daß die biblische Schrift im Kontext eine Naturtheorie ausbreitet, die man großzügig als stoisch bezeichnen kann, weil in ihr der Kosmos als ewige Wiederkehr und somit in sich identisch dargestellt wird. Während dieser Text im weiteren die Nichtigkeit der menschlichen Arbeit und Studien beschwört, dürfte Bruno, indem er das Verb vom „tun“ zum „sein“ verschiebt, sich vor allem für die beständige Wiederkehr der menschlichen Weisheit angesichts des unermeßlichen Universums und der Totalität und Wechselhaftigkeit der Geschichte interessiert haben, zumal der von ihm zitierte Spruch fortgesetzt wird mit den Worten: „Und niemand kann sagen: Sieh das ist neu, denn das gab es schon in Jahrhunderten, die vor uns waren.“ Blickt man von hier zurück auf das Zitat aus dem Weisheitsbuch, fällt auf, daß Bruno auch hier „falsch" zitiert, denn dort steht: „Das, was alles enthält, kennt die Stimme" oder „Er, der das All umfaßt, weiß alles, was geredet wird" (deutsche Ausgabe der Jerusalemer Bibel). So wie Bruno den Satz abschneidet, erweckt er den Eindruck, die Stelle wolle sagen, der Weltgeist erfülle den Kosmos und alle seine Teile. Es ist unklar, aus welchen taktischen Gründen Bruno dies tut (hatte er doch bibelfeste Theologen vor sich), aber in dieser Phase des Prozesses in Venedig zeigt er deutlich den Zusammenhang zwischen seiner Kosmologie, seiner Theologie eines alles durchwaltenden Geistes Gottes, seines Synkretismus' und freien Gebrauchs verschiedenster Quellen und nicht zuletzt seiner Geschichtsphilosophie: Es gibt nur eine universale Weisheit, die immer wieder neu zu aktualisieren Aufgabe des Philosophen seiner Zeit ist.

Die Abschiedsrede von Wittenberg beginnt mit einem Gebet an den „Gott meiner Väter", der die Weisheit „im Schatten des Lichtes" sendet:

„Es gibt nämlich erstens das Wesen der Sonne, das mit dem Verstand allein kaum berührt wird, zweitens das Bestehen der Sonne, die einen eigenen Kreis innehat und absolut besteht und lebt, wo sie lebt, drittens den Beistand der Sonne oder ihre Wirkung, die alles umfaßt und von allen erfaßt wird: Genau so kann man die Sonne des Verstehens dreifach betrachten. Erstens im Wesen des Göttlichen, zweitens in der Substanz der Welt, die dessen Abbild ist, drittens im Licht des Sinnes derer, die an Leben und Erkenntnis teilhaben. Im ersten Grad wird sie von den Kabbalisten durch die *sephirot cochma* bezeichnet und verstanden, im zweiten von den orphischen Theologen Pallas oder Minerva genannt, im dritten wird ihr allgemein der Name Weisheit zugeschrieben." (OL I 1, 12 f.)

In verhältnismäßig schlichter Form stellt Bruno die Bedingung von Welterkenntnis als die dreifache Präsenz der göttlichen Weisheit dar, und zwar als absolute Weisheit, als Manifestation in der Schöpfung und als „Steuermann im Schiff der Seele" (OL I 1, 14). Damit ist überraschenderweise eine Arbeitsteilung der dreifachen Schichtung von Weisheit und Erkenntnis verbunden, nämlich an Kabbalisten, Orphiker und Philosophen im allgemeinen. Auch das „Haus der Weisheit", durchgehende Metapher dieser Abschiedsrede bezogen auf die Universität Wittenberg, hat verschiedene Sprecher. Für das erste Haus äußert sich Hiob, für das zweite und dritte jeweils Salomon (OL I 1, 14). Wenn wir auch eine solche Dreischichtung nach dem neuplatonischen Denkmuster sofort für plausibel halten können, so ist doch erkärungsbedürftig, wieso eine solche Schichtung nicht nur von verschiedenen Gruppen verschieden interpretiert wird, sondern sogar einzelne Interpretengruppen, nämlich die Kabbalisten, die Orphiker und die Philosophen, für jeweils verschiedene Repräsentationen derselben Weisheit zuständig sein sollen. In dieser Anwendung „wandert" das Haus der Weisheit sowohl zwischen den ontologischen Stufen der göttlichen Manifestation als auch durch die zeitliche und geographische Abfolge.

Brunos Redefluß geht zum Glück weiter. Er streift die *septem artes liberales*, nicht ohne sie mit unschulmäßigen Disziplinen wie Astrologie, Alchemie und Magie aufzufüllen, um dann eine *translatio sapientiae* vorzuführen, in der das Haus der Weisheit von den Ägyptern und Assyrern über die Perser, Inder usw. bis hin zu den Deutschen gelangt (vordergründig eine Reverenz an die Zuhörerschaft, gekrönt mit einer Eloge auf Martin Luther). Die Wanderung des Hauses der Weisheit bezeichnet der Redner als „memoria hominum", Gedächtnis der Menschheit, in dem die zahlreichen Völker und Weisen im Reigen auftreten. Warum sagt er aber nicht „Geschichte"? Geschichte und Gedächtnis sind für Bruno dieselbe Sache. Sie enthalten in sich die Gesamtheit der Wahrheit und der Fakten, und Aufgabe des Philosophen ist es, diese Totalität als Einheit zu begreifen und als Vielheit auseinanderzulegen. Deshalb bezeichnet er das sogenannte zweite Haus der Weisheit, die Manifestation der göttlichen Weisheit in der Schöpfung, nicht nur als „Stimmen der Weisheit und Spuren, als Werke der Gottheit, die die allerhöchste Vorsehung anzeigen", sondern auch als „höchst einsichtiges Buch, in dem man die Geschichte der göttlichen Macht, Weisheit und Güte lesen kann" (OL I 1, 14). Dies ist nicht nur eine Wiederaufnahme der weithin bekannten Metapher von der Natur als Buch, in welchem Gott sich parallel zur Heiligen Schrift den Menschen offenbart, sondern die Selbstäußerung und Selbstoffenbarung Gottes wird selbst als Schrift verstanden, nicht nur in Analogie, sondern als Grundmuster von Schriftlichkeit: „Denn das Unsichtbare Gottes wird durch das, was geschaffen ist, als Erkanntes erschaut: Das ist die Schrift" (ebd.).

So wie in der Mnemotechnik die Bildkonstruktion als Disposition des Erkennbaren in der Spannung von Zusammenfassung und Auseinanderlegung stattfindet, so ist auch die gesamte Schöpfung, und das heißt die Gesamtheit der Objekte menschlicher Erkenntnis, eine „Geschichte" der göttlichen Schöpfermacht, die eine „memoria", die Gesamtheit des Gedächtnisses ist, wenn man sie als verstandenes Objekt menschlicher Erkenntnis darstellt. Dann aber ist die Gesamtheit der Schöpfung im Unterschied zu den Objekten der Mnemotechnik, deren Besonderheit es ist, Inhalte diskursiver und sukzessiver Argumentation in eins zu fassen, die Darstellung der Wirklichkeit als ganzer mit dem Index der Zeitlichkeit, so daß sich die Geschichte vom Gedächtnis nur durch die sukzessive Anordnung unterscheidet. Trotzdem ist es höchst zweifelhaft, ob wir an dieser Stelle von Zeitlichkeit sprechen dürfen, wenn Zeitlichkeit bedeuten soll, daß sie den Gegenständen wesentlich zu eigen ist und nicht nur eine zufällige Reihenfolge bezeichnet. Während ein lebender, endlicher Organismus notwendig zeitlich ist, insofern er an jedem Punkt dadurch bestimmt ist, was er zuvor war und wozu er noch werden kann oder soll, ist es ontologisch unbestimmt, ob etwa – mit einer weiteren Metapher, die Bruno verwendet – „die Himmel, die die Ehre Gottes verkünden," solcher Art „Predigtstimmen" sind (OL I 1, 14), daß sie über die Zeit gestreckt die Menschheit bzw. die Philosophen unterrichten.

Diese Überlegungen wären Spitzfindigkeiten, würde nicht Bruno in derselben Abschiedsrede, und sei es, um seinen Gastgebern zu schmeicheln, die These ausführen, daß die Weisheit ihr Haus siebtens und letztens bei den Deutschen seinerzeit erbaut habe. Wie die Zahl sieben zu verstehen gibt, soll die Erfüllung des Weisheitsprogramms in Wittenberg nicht zufällig sein, sondern in der Natur dieser Weisheit selbst liegen, die demnach eine teleologische Struktur hätte. Dies ist angesichts der Destruktion des teleologischen Denkens in der mittelalterlichen Philosophie, an die Bruno bekanntlich anschließt, relativ unwahrscheinlich, denn in der christlichen Interpretation der aristotelischen Finalursache kann diese nur noch als metaphorische Rede von einer Ursache verstanden werden (man interpretiert eine Entwicklung so, „als wäre" sie von ihrem Zweck gesteuert). Oder aber man schreibt der Zweckursache ein planendes Subjekt zu, und das bedeutet mit

Blick auf die Gesamtheit der Schöpfung, daß ihr Zweck im Planen des allweisen Gottes liegt (vgl. DI 154). Nun braucht an dieser Stelle nicht weiter ausgeführt zu werden, daß für Bruno dieser allweise, planende Gott zumindest dem Umfang nach, wenn nicht sogar in der Sache, mit der von ihm geschaffenen Welt identisch ist. Es ist ja auch dies, was in seiner Rede von den drei Häusern der Weisheit zum Ausdruck kommt, wonach sich die göttliche Weisheit in ihrer Ewigkeit in der erstgeschaffenen Weisheit, nämlich der sichtbaren Welt, und in der zweitgeschaffenen Weisheit, nämlich der Seele des Menschen, wiederfindet. Es kann daher die göttliche Weisheit in den verschiedenen menschlichen Seelen gar nicht verschieden sein, auch wenn diese Seelen ägyptischen oder assyrischen Chaldäern, persischen Magiern, indischen Gymnosophisten, thrakischen Orphikern, griechischen Weisen, italischen Philosophen oder deutschen Protestanten gehören.

Aus diesem Grund muß man weiter fragen, ob die Anwesenheit der göttlichen Weisheit in der Welt der Menschen eine Steigerung erfahren kann. Eher muß es sich um eine wiederkehrende Offenbarung handeln, zu deren Wesen die Zeitlichkeit gerade nicht gehört. Deshalb erläutert der Lobredner der Wittenberger Universität sogleich, daß die Weisheit mittels Herrschaft und die Wissenschaft (Jupiter und Minerva) „in nachfolgendem Wechsel Land und Wohnsitz gewechselt zu haben scheint" (OL I 1, 16). Hier fällt ein für die Brunosche Kosmologie und Metaphysik entscheidendes Stichwort: „vicissitudo", der Wechsel, in dem sich die Einheit des Prinzips immer wieder manifestiert. Der beständige Wechsel, das Ineinander-übergehen der Elemente und der Erscheinungsformen im allgemeinen, ist ein Kennzeichen des stoischen Naturbegriffs, wie man bei Cicero (*De natura deorum* II 84) nachlesen kann. In *De immenso* verwendet er den beständigen Wechsel der elementaren Eigenschaften und Kräfte als den Inbegriff der Ordnung und Konsistenz der Dinge, wobei er auch auf den Gedanken der Vereinigung von Gegensätzen in einer Einheit nach Nikolaus Cusanus verweist (OL I 1, 279f.).

Wenn der beständige Wechsel den Gegenstand der Erkenntnis ausmacht und dieser eine ontologische Entsprechung im Universalprinzip sowie eine epistemologische Entsprechung im Erkennenden hat, dann kann keine Philosophie sich auf einen Fortschritt der Wissenschaft und schon gar nicht auf eine Akkumulation von Wissen berufen, sondern muß nachweisen, daß sie im beständigen Wechsel ihren Stand gefunden hat und den beständigen Wechsel als Einheit selbst reflektiert. Die Geschichtlichkeit der Brunoschen Philosophie muß sich folglich in dem günstigen Augenblick manifestieren und erweisen, der als einer unter vielen „auf der Höhe der Zeit", das heißt im Gleichklang mit der ewigen Wahrheit ist. Deshalb heißt es gegen Ende der Schrift *De immenso*, die Weisheit (Sophia) sei nackt, sie habe weder ein Gesicht, noch Kleidung oder Titel, Insignien und Teile, denn „sie zeugt für sich selbst" („Ipsa fidem facit ipsa sibi"); sie aber sei es, die den, der sie liebt, erwartet und empfängt, so daß sie – paradoxerweise – für ihn die Qualität der Fortuna, des unvorhersehbaren Glücks annimmt; Fortuna wiederum als das Rad der Zeit läßt alles, was entsteht, „uralte Positionen wiederholen, indem sie davonfliegend im Lauf alles dahinträgt" (OL I 2, 290).

Das ist Brunos Geschichtsphilosophie: „Das beste, was einem Sterblichen in diesem Schicksal zustoßen kann, ist ein mit der Natur der Götter verwandtes Leben, was dir nur gelingt, wenn du von dieser Göttin umarmt worden bist, auf daß du die Träumereien des armseligen Pöbels verachten kannst, der in den dumpfen Fluten der Lethe versunken ist." (OL I 2, 290f.) Unter der Bedingung der Endlichkeit des menschlichen Denkens und der Ewigkeit der Weisheit und Wahrheit muß das Philosophieren als ein Schicksal, ein Glücksfall, ein glücklicher Moment im Flug der Zeit erscheinen. Die Flüchtigkeit der endlichen Dinge spiegelt sich in der Flüchtigkeit beim Erhaschen der Wahrheit.

„Die Zeit nimmt alles und gibt alles; alles wandelt sich, nichts wird vernichtet; eines nur kann sich nicht ändern, eines ist ewig und kann ewig bestehen als eines, gleiches und selbes. – In dieser Philosophie erhebt sich meine Seele und erweitert sich mein Intellekt. Denn was immer mich an diesem Abend erwartet, wenn der Wandel wahr ist, erwarte ich, der ich in der Nacht bin, den Tag, während die, die im Tag sind, die Nacht erwarten. Alles, was ist, ist hier oder da, nah oder fern, jetzt oder nachher, früher oder später. Amüsiert euch also, und bleibt möglichst gesund und liebt den, der euch liebt." (*Candelaio* 13f.)

Auch wenn dieses Zitat der höchst ironischen Widmung einer Komödie an die Fee Morgana (nach Ariost) entnommen ist, so zeigt es doch in Verbindung mit dem Rad der Fortuna im Lehrgedicht den geschichtsphilosophischen Sinn in Brunos Philosophieren. Wenn der Lauf der Zeit nichts vernichtet, sondern alles erhält und enthält, so daß sich gerade in ihm die Ewigkeit, die Einheit, Gleichheit und Identität findet, und wenn der Trost der Philosophie in der fröhlichen Wissenschaft dessen besteht, der liebt, wovon er geliebt wird, dann ist es offensichtlich Aufgabe des Philosophen, in das Rad der Zeit, in die Vergänglichkeit der Dinge einzusteigen, um sie zu übersteigen. Gerade darin, daß er sich der nackten Weisheit aussetzt, indem er das Bestehende als das Vergängliche versteht und das Vergängliche als das Beständige, wird seine Philosophie zu einer Lebensform, und zwar zur Lebensform gemäß der Natur der Götter.

In der Schrift *Sigillus sigillorum* wird die Gedächtniskunst als Nektar gepriesen, der die „lethargischen Säfte des Letheflusses" reinigt und dadurch das „himmlische Leben mit den himmlischen und danach sogar den überhimmlischen Umlauf mit den überhimmlischen Göttern" schenkt (OL II 2, 162). Vergessen der Geschichte ist somit gleichbedeutend mit dem Ende des philosophischen Lebens, und „memoria" der Überstieg vom gewußten Wissen zum übernatürlichen Überblick. Dieses Versprechen bietet jedoch keinen Besitz an, den man haben oder lassen kann, sondern eine dialektische Spannung zwischen Können und Versagen: Im Gedächtnis hört die Geschichte nicht auf, vergänglich zu sein, der Nektar ersetzt nicht Lethe, die Geschichte behält auch in der „memoria" ihre „Vergeßlichkeit". Denn die zitierte Stelle ist umrahmt von dem Memento des Prometheus, der den Götterschatz unter das Volk brachte, und der Gleichzeitigkeit der „pythagoreischen" und der „simonidischen Zeit" (OL II 2, 162f.). Prometheus bezeichnet die Grenze zwischen dem Göttlichen und dem Menschlichen, die keinem von beidem angehören kann, gerade dann wenn sie beide miteinander verbinden will. Der Philosoph ist kein Gott und kann den Menschen auch nicht nachhaltig aufhelfen. Die beiden genannten „Zeiten" löschen entweder alles durch Vergessen aus oder holen es wieder hervor – das Problem liegt darin, daß Bruno ausdrücklich sagt: Wer (und nur wer) die Zeit des Vergessens akzeptiert, stimmt auch der Zeit der Wiederholung zu. Die Vergangenheit der Geschichte ist der flüchtige Stoff des Gedächtnisses. Unter Anspielung auf den Prometheus-Mythos aber erhebt die Philosophie den Philosophen über die Masse, die diese Einheit nicht versteht und daher dem Vergessen anheimfällt, wobei das Vergessen sowohl auf Seiten des einsichtsvollen Philosophen liegt, der die Masse verachtet, als auch auf Seiten des Pöbels, der die Wahrheit und Weisheit vergißt. Und doch: Obwohl die Vergänglichkeit „unbelehrbar dumm" ist (über die „pythagoreische Zeit"), bleibt der Denker der Geschichte von ihr abhängig. Er ist der auf sich selbst zurückgeworfene Historiker/Philosoph. Bruno will beides haben, die nackte Wahrheit und die Fülle der Wirklichkeit. Dies läßt sich an seinem Verständnis der „vicissitudo", der Wechselhaftigkeit der Wahrheit in der Wirklichkeit, zeigen.

So berichtet Bruno in *De umbris idearum* von verschiedenen Modellen des Aufstiegs und Abstiegs von den materiellen zu den geistigen Dingen und zurück unter der Voraussetzung, daß es „in allen Dingen eine Ordnung und eine Verknüpfung" gibt (OL II 1, 23–25). Er erinnert an die Aufstiegsmetaphorik der Platoniker, an den ewigen Umlauf des Himmels nach der Theorie einiger Aristoteliker, an die theologischen Implikationen und schließlich auch an die traditionelle Klassifikation der Seienden nach Gattung und Art, um das ganze mit der These abzuschließen: zwar habe die Antike gelehrt, wie das Gedächtnis funktioniert, sie habe es aber nicht verstanden – im Unterschied zu Bruno –, wie man von einer Vielzahl von Gedächtnisbildern zu einem universalen Bild dessen, was man erinnern kann, vorschreitet (OL II 1, 25). Bruno stellt hier den universalen Zusammenhang der Dinge in einen Zusammenhang der verschiedenen Theorien über sie, um abschließend seine eigene neue Erfindung in den Vordergrund zu heben. Die Philosophie des Einen ist immer wieder die Philosophie des Einzigen.

Wenn man also Brunos Verhältnis zur Geschichte der Philosophie untersuchen will, stößt man immer wieder auf den Gegensatz eines universalen Weltlaufs, der sich in seinen Einzelheiten als mangelhaft bzw. als endlich zeigt, der als solcher aber auf eine Einheit zurückverweist und sich in mangelhaften und momenthaft positiven Leistungen des menschlichen Denkens wiederfindet, gegenüber denen Bruno eine durchschauende und damit überschauende und überfliegende Position einnimmt. Bruno als Philosoph und als historische Persönlichkeit versucht offensichtlich, immer zugleich die Globalperspektive und das individuelle Recht zu behalten.

Anläßlich eines Sonetts in den *Eroici Furori* zum Thema Vergangenheit, Gegenwart und Zukunft verbindet Bruno wieder einmal die Ordnung der Natur und den scheinbaren Kreislauf der Wissenschaft und Weisheit. „Heute gibt es kein Übel und keine Schande, denen sie [sc. die Juden] nicht ausgesetzt wären, aber auch kein Gut und keine Ehre, die nicht in Aussicht stünden." (DI 1075) Die Hoffnung, so heißt es, entschädigt für die schlechte Gegenwart. Aber, so fügt Bruno hinzu: So geht es allen Generationen und Zuständen. Es ist gerade die Wechselhaftigkeit der Dinge, die ihnen Dauer verschafft, so daß aus dem Übel das Gute, aus dem Niedrigen das Hohe, dem Dunkel das Licht folgt: „So ist die Ordnung der Natur". Obwohl es sich auch hier um das Generalthema der Liebe handelt, spricht Bruno an dieser Stelle vom Niedergang und Fortbestand der philosophischen Weisheit, wofür er auf die berühmte Klage des Asklepios über den Niedergang der Religion verweist, die er im *Spaccio* ausführlich zitiert (DI 1074 u. 784–786). Die Geschichte der Kultur erweist sich als eine Abfolge von Licht und Dunkel, von Gefangenschaft und Befreiung. Wir erfahren in diesem Kontext jedoch auch, daß die Hoffnung auf die Zukunft den Verlust der Vergangenheit und die Übel der Gegenwart mehr als aufwiegt: „In jedem Zustand dieser Ordnung schmerzt die Gegenwart mehr als die Vergangenheit, und beide zusammen können uns weniger entschädigen als die Zukunft, die immer in Erwartung und Hoffnung besteht." (DI 1073)

So wie in der Rede von der Wechselhaftigkeit die Beständigkeit des Wechsels Vorrang hat vor dem Wechsel des Bestehenden, so hat auch im Glücksrad die Hoffnung auf den Aufstieg oder die Wiederkehr Vorrang vor den anderen Zuständen des Verlustes. Es ist die ewige Wiederkehr des Gleichen, auf die in diesem Zusammenhang angespielt wird: „Der Umlauf und das Große Jahr der Welt ist jener Zeitraum, in dem man aus Zuständen und Wirkungen verschiedenster Art durch die entgegengesetzten Mittel, Zustände und Gegensätze zu demselben zurückkehrt, so wie wir das in den einzelnen Jahren sehen, dem Sonnenjahr, wo der Beginn einer gegensätzlichen Stellung das Ende einer anderen ist und das Ende dieser der Beginn jener" (DI 1072f.). Jedoch ist diese ewige Wiederkehr nicht die Wiederkehr des Gleichen als des gleich Schlechten, sondern als der Hoffnung des Guten. Wechselt man die Perspektive vom überzeitlichen Beobachter zum Teilnehmer dieses beständigen Wechsels, dann ist das Gute, die Hoffnung, die

Wiederkehr des Guten, der Motor des Umlaufs. So stellt denn auch der Sprecher des Dialogs unmittelbar nach der Beschreibung des „Großen Jahres" fest, daß man zwar zu unserer Zeit am Bodensatz der Wissenschaften, am Ende der Bildung und der Sitten angekommen sei, aber gerade daher die Wiederkehr eines besseren Status erwarten dürfe (DI 1073).

Diese Denkfigur war in allen Schriften Brunos zu beobachten: der Gedanke, daß die endliche Wirklichkeit der Schauplatz des Zusammenpralls der Gegensätze, der Präsenz des Unendlichen im Endlichen ist und daß Philosophie das Abbild dieser Wechselhaftigkeit des Beständigen zu sein hat. Zu Beginn von *De umbris idearum* wird postuliert, daß von Zeit zu Zeit Herolde (*mercurii*) aufträten, weil die Weisheit nicht immer und nicht in allen präsent sei, und dies wiederum wird mit dem stoischen Umlauf der Elemente verknüpft (OL II 1, 9 u. 24; vgl. OL I, IV 227). Auch der Dialog *De la causa* beginnt mit der Metapher von Licht und Dunkel, und im dritten Dialog des *Spaccio* ist davon die Rede, daß die Finsternis nicht finster wäre, wenn sie erkannt würde, und die „profunde Magie" bestehe darin, die verborgene Gottheit in den Naturdingen zu finden, was die Bedingung dafür ist, daß die vom Schicksal angeordnete Wechselhaftigkeit von Licht und Finsternis in Gang gehalten wird. Es ist dieselbe „profunde Magie", die er im fünften Dialog von *De la causa* fordert, um gegenläufig die Kontraste aus der Einheit zu entwickeln (DI 778 und 340). Und wiederum in den *Eroici furori* heißt es, daß es der Weise ist, der die wechselhaften Dinge für Nicht-seiendes hält, weil sich die Zeit zur Ewigkeit verhalte, wie der Punkt zu einer Linie (DI 976) – was nichts anderes bedeutet, als daß der Weise sich just auf diesen Punkt zu stellen hat. Deshalb bleibt die Frage, ob und wie der Weise das leisten kann, wie er in dem immer wieder beschworenen Wechsel der Gegensätze ineinander und auseinander, in der Entdeckung des Einen und Einheitlichen gegenüber dem Vielen und Endlichen und gerade wiederum in diesen Vielfältigkeiten sich selbst findet und behauptet. Daher ordnet Bruno historische Phasen der Philosophie im Sinne einer Systematik an, so als hätten sie die Aufgabe, bestimmte Aspekte der Philosophie darzustellen, die in sich wiederum nur eine einzige ist, die sich in vielfältiger Weise äußert.

Selbstverständlich gehört hierher auch die historische Situierung des Nolaners im ersten Dialog des *Aschermittwochsmahls*, die schon vielfach interpretiert worden ist. Sie beginnt mit dem Präludium der Dualität, der „Koordination" der primären Gegensätze wie „endlich/unendlich", „gebogen/gerade" etc. (DI 22), und setzt dann mit den „Paradoxien" der neuen Philosophie ein, die zunächst darin bestehen, daß Bruno beansprucht, mit eigenen Augen zu sehen, ohne den Fortschritt der Wissenschaft zu leugnen (DI 26f.): Urteil und Empirie werden gegeneinander ausgespielt. Während die „Beobachtungen" (*osservazioni*) in der Zeit akkumuliert werden, geschehen Urteil und Begriffsbildung (*giudizio e determinazione*) punktuell; vor allem aber sind Erfahrung und philosophisches Urteil voneinander getrennt und verschieden wie Dolmetscher und verstehender Adressat (DI 27). Wie ein Dolmetscher berichtet auch Kopernikus von einer vergessenen Theorie und läßt die rein mathematischen und empirischen Forschungen hinter sich (DI 29), weil das Schicksal ihn zur Morgenröte der Wiederholung der alten wahren Philosophie bestimmt hat. Solcherart Wiederkehr deckt sich strukturell mit der Beschreibung des „Durchbrechens der Sphärenmauern" durch den Nolaner (DI 33); denn Wahrheit geht aus Kontrarietät hervor, sei diese nun zeitlich oder konzeptuell. Nach dieser Vorbereitung bekommt die *querelle des anciens et modernes* Sinn, in der zitiert wird: „In der Antike liegt die Weisheit, und in vielen Jahren die Klugheit" (DI 39). Es ist die Urteilsfähigkeit, die „alt" macht, und in diesem Sinne ist jeder „älter als die Vorgänger", der die Wahrheit sieht (DI 39). Zumal da die Weisheit nur „in uns selbst" liegt (DI 34), ist die Antike selbst demnach nicht mehr als Metapher der Wahrheit, die immer, immer wieder und immer nur punktuell entdeckt werden kann; dagegen ist der Lauf der Zeit das Reich der Klugheit, die mit der Wahrheit so wenig zu tun hat, wie der Dolmetscher, der sie übersetzt, so daß die „Jahre" das Gewand der Verborgenheit der Wahrheit sind. In diesem Sinne setzt Bruno auch den bekannten Spruch „Veritas Temporis Filia" (Wahrheit ist eine Tochter der Zeit) ein: Lachen kann er nur über die antiken Theorien der Kometen, und wenn denn die Wahrheit mit der Zeit kommt, dann nur gegen die Intention der Berichtenden (in diesem Falle des Aristoteles, der in seiner *Meteorologie* unabsichtlich die richtige Bedeutung doxographisch aufbewahrt hat – OL I, II 229f.).

Zwar kann Bruno behaupten, er sei eine auserwählte Figur oder auch nur ein Punkt in der Geschichte des Denkens, in dem Wahrheit und Weisheit, Wirklichkeit und Denken zusammenfallen. Jedoch kann er nicht erklären, warum die potentiell unendlich vielen anderen „Punkte in der Geschichte“, alle die Pedanten und Scholastiker und sonstigen Dummköpfe, nicht auch Höhepunkte des Denkens des Einen sind. Was bleibt, ist die „heroische Anstrengung“. Dann aber macht die Metaphorik vom Sich-erfassen-lassen vom Gegenstand des Denkens (wie er es schon der Morgana empfohlen hat und im Aktaion-Mythos darstellt) den Umlauf der Zeiten, die historische Sukzession von Weisheiten, und das heißt die Geschichte des Denkens überhaupt, zu einer bloßen Metapher für den Abstand zwischen dem Philosophen selbst und der von ihm himmelweit verschiedenen alternativen kulturellen und natürlichen Umwelt.

So interpretiert wird die ewige Wiederkehr des Gleichen, die heroische Leidenschaft, die Polemik, die Satire und nicht zuletzt auch die manieristische Rhetorik überbordender Beispiele, Metaphern und literarischer Stile zu einem Indiz des philosophischen Problems schlechthin, nämlich der Frage: „Wie überhaupt ist Denken möglich, angesichts der Tatsache, daß Gedacht-werden, mögliches Objekt eines erkennenden Geistes zu sein, sehr viel wahrscheinlicher ist als – selber zu denken?“ Dann kann der Philosoph sich nicht als Rädchen oder Chip in einer großen Denkmaschine verstehen, innerhalb derer er einen bescheidenen Beitrag zur Übermittlung überprüfbarer Wahrheit leistet, sondern er muß sich als die auf sich selbst zurückgeworfene kritische Instanz verstehen, die sich von der Wirklichkeit abstößt, um sie zu erreichen. Deshalb sagt Sophia im ersten Dialog des *Spaccio* – selbstverständlich voraussetzend, daß die Gegenwart übel, aber die vom Schicksal versprochene Zukunft erfolgreich zu sein hat: „Mit meinem göttlichen Gegenstand der Wahrheit, die so lange Zeit auf der Flucht verborgen, unterdrückt, versunken war, habe ich beschlossen, diesen Moment nach Anordnung des Schicksals als Beginn meiner Rückkehr, Erscheinung, Erhöhung und Verehrung zu nehmen, die um so größer ist, je größer die Widerstände waren.“ (DI 573f.) Die Weisheit nimmt Stellung. „Wer mit mehr Schwung sich von der Erde abheben will, muß sich zuerst gut zusammenbiegen und wer sich müht, effektvoller hinüberzukommen, wenn er einen Graben überspringen will, nimmt bisweilen Schwung, indem er acht oder zehn Schritte zurückgeht." (DI 574) Mit anderen Worten: die Welt gibt den Philosophen keine freundlichen Hinweise über die Wahrheit der Philosophie. Der Philosoph muß sich letztlich aus sich selbst heraus abstoßen.

Prag war die neue Hoffnung des heimatlosen Philosophen. Unter dem Mäzenatentum Rudolphs II. und dank einer allgemeinen religiösen Toleranz, die Protestanten, Katholiken und Dissidenten aus den verschiedensten Konfessionen ein geordnetes Zusammenleben ermöglichte, nicht zuletzt wegen des äußeren Drucks der Türkengefahr (die Türken hatten 1526 große Teile Ungarns erobert), war die böhmische Hauptstadt zu einem Mekka der Wissenschaften und Künste jeglicher Art geworden. Um nur zwei Beispiele zu nennen: John Dee, den Bruno in London kennengelernt haben kann und der eine ähnlich bewegte Biographie hatte, versuchte sein Glück bei Rudolph II., aber auch der, aus heutiger Perspektive, seriöse Astronom Tycho Brahe wirkte zeitweise in Prag. (Von Wittenberg aus hatte der Nolaner ihm nach Uranienborg ein Exemplar des *Acrotismus* geschickt, weil er dessen Sternenbeobachtungen als Bestätigung seiner Kosmologie verstand; Brahe allerdings notierte in sein Exemplar: „Nullanus, nullus et nihil, conveniunt rebus nomina saepe suis" [Null, niemand und nichts – die Namen passen oft zur Sache.]) Schließlich hatte auch Brunos mathematischer Freund und Gegner, Fabrizio Mordente, den Weg dorthin gefunden. Es war der deutsche neulateinische Dichter Nikodemus Frischlin, der in Wittenberg Bruno den Rat gegeben hat, nach Prag zu gehen, wo er ein Jahresgehalt von 300 Talern erhalten zu haben behauptete (Peregrinatio 126). Bruno stellt sich dort dem Publikum mit einem Reprint einer kleinen lullistischen Schrift (*De specierum scrutinio*) vor und widmet dem Kaiser eine polemische Schrift von *Hundertsechzig Thesen gegen die Mathematiker und Philosophen der heutigen Zeit* (*Centum et sexaginta articuli adversus huius tempestatis mathematicos atque philosophos*). Immerhin schenkt Rudolph dem Wanderphilosophen 300 Taler, mit denen er sich auf den Weg nach Tübingen macht.

Tübingen war damals die Hochburg der lutherischen Orthodoxie, aus der auch Wittenberger Theologen wie Polykarp Leyser stammten, den Bruno bald in Helmstedt wiedersehen wird. Es war auch unvermeidlich, daß Bruno den Griechisch-Professor Martin Crusius traf, die Klatschbörse Tübingens, der über alles, was er hörte und sah, Tagebuch führte und ein erbitterter Gegner Frischlins war, über den er Bruno ausfragte. Brunos Antrag auf Zulassung zur Universität wurde zunächst zugestimmt; schließlich aber beschloß der Senat, „menschlich mit ihm zu verfahren, auf daß er sich hier nicht länger aufhalte", und ihm vier Thaler anzubieten, wenn er möglichst bald wieder verschwinde (Peregrinatio 129).

Helmstedt, eine erst 1575 vom Braunschweiger Herzog Julius gegründete Universität, war die nächste Station. Als Herzog Julius im Mai 1589 starb, hielt Bruno eine feierliche Trostrede (*Oratio consolatoria*). Abgesehen von dem gattungsmäßigen Fürstenlob und dem Preis der von ihm gegründeten Universität, enthält diese Rede ein System aus Tugendsymbolen, aus Sternzeichen wie es in satirischer Form schon im *Spaccio* vorgeführt worden war (OL I 1, 27–52).

Wenn wir einem eigenhändigen Protestbrief, der in der Herzog-August-Bibliothek in Wolfenbüttel erhalten ist, glauben dürfen, so ereilte den Glaubensflüchtling in Helmstedt das Schicksal, auch noch von der dritten der großen Konfessionen ausgeschlossen zu werden. Jedenfalls beschwert sich Bruno mit Datum vom 6. Oktober 1589, daß der örtliche Hauptpfarrer und Superintendent (Gilbert Voet) ihn in einer öffentlichen Predigt exkommuniziert habe, und fordert vom Prorektor eine öffentliche Untersuchung des Falles (Vita 665). Der Prorektor war der Theologe Daniel Hoffmann, der kurze Zeit später Anstifter des sogenannten Hoffmannschen Streites wurde, in dem es um die Auslegung der Konkordienformel ging, mit der sich die verschiedenen lutherischen Gruppen geeinigt hatten, vor allem aber, um das Verhältnis von Philosophie und Theologie innerhalb des lutherischen Bekenntnisses. Brunos Fall scheint weiter keine größeren Kreise gezogen zu haben. Jedenfalls konnte er noch bis zum April 1590 in Helmstedt bleiben. Hier schrieb er oder bereitete für den Druck die letzten Schriften vor, die er noch veröffentlichen sollte, und sammelte einiges Material, das erst in der Werkausgabe 1891 gedruckt wurde.

Ein treuer Schüler Brunos aus Wittenberg und Helmstedt war Hieronymus Besler (Bruder des bekannten Botanikers Basilius

Besler aus Nürnberg), der später als Arzt in seiner Heimatstadt tätig wurde. Beide trafen sich Ende 1591 in Padua wieder, denn der Student arbeitete für Bruno als Sekretär. In Wittenberg und Helmstedt muß der Philosoph einen Berg Papier auf dem Schreibtisch gehabt haben, denn er bereitete die mnemotechnische Schrift *De imaginum compositione* und die große Trilogie von Lehrgedichten für den Druck 1591 in Frankfurt vor, arbeitete an der Vorlesung, die er bald danach in Zürich halten würde, und befaßte sich intensiv mit Problemen der Magie und der Medizin, letzteres vielleicht unter dem Einfluß des künftigen Medizinstudenten Besler.

Renaissancemagie ist ein anrüchiges und zugleich elektrisierendes Thema, zumal seit langem diskutiert wird, ob nicht die Theorie und Praxis der Magie eine Brückenfunktion von der scholastischen zur modernen Naturwissenschaft hatte. Denn Francis Bacon, der als Vater der neuzeitlichen empirisch-wissenschaftlichen Forschung gilt, hatte den Magiern und Alchimisten zugebilligt, auf empirischer und praktischer Basis zu arbeiten, nur daß sie mit der theoretischen Begründung etwas vorschnell und leichtfertig seien. Schaut man genau hin, so muß man den Magiebegriff in zahlreiche Gebiete aufgliedern, etwa in Beschwörungen, Zauberei, Deutung des Einflusses der Sterne auf die irdische Natur usw. Das handlichste Kompendium zu diesem Thema ist die mehrfach erwähnte Schrift *De occulta philosophia* von Agrippa von Nettesheim, die Giordano Bruno auch in den erhaltenen Handschriften zu diesem Thema (OL III) ausgiebig verwendet hat. Bevor er dort z.B. über die Anziehungskraft des Magneten, über die Wirkung von Geistern und Dämonen usw. spricht, teilt er ganz schulmäßig die Arten der Magie ein. Zunächst einmal zählt er zahlreiche Typen von Magiern auf, und es fällt sofort auf, daß es sich um die nämlichen Weisen handelt, die im Laufe der Menschheitsgeschichte aufzutreten pflegen: Hermes Trismegistos bei den Ägyptern, Druiden bei den Galliern, Gymnosophisten bei den Indern, Kabbalisten bei den Juden, Magier bei den Persern, Weise bei den Griechen und Lateinern. Magie bedeutet dann zunächst einmal, „durch die bloße Anwendung von aktiven und passiven Kräften, erstaunliches zu vollbringen wie in der Medizin oder Alchimie; und das ist natürliche Magie in der allgemeinen Bedeutung". Wenn man von Betrug und Hexerei absieht, zählt

Bruno sieben verschiedene Arten von magischen Tätigkeiten auf, einschließlich der Hellseherei. Kurz gesagt: „Magier bezeichnet einen weisen Menschen mit der Fähigkeit zu wirken.“ (OL III 397–400) Da es auf die Fähigkeit zu wirken ankommt, unterscheidet die Magie zwei Arten des Bewirkenden: Natur und Wille. Der Wille kann menschlich, dämonisch oder göttlich sein, die Natur innerlich und äußerlich; innerlich als zugrunde liegende Materie oder als Form mit aktiven Eigenschaften, äußerlich wiederum als Bild, Spur oder Schatten, so wie das Licht zur Sonne gehört und sich in den erleuchteten Dingen widerspiegelt (OL III 404). Unverkennbar reproduziert Bruno in diesen Notizen seine Naturphilosophie der Gleichzeitigkeit von innerlichen und äußerlichen Prinzipien, von durchgängiger Einheit und Äußerung in Vielheit, wie schon zu sehen gewesen war. Denn:

„Das ist das vorrangige Prinzip und die Wurzel aller Prinzipien zur Begründung von allem, was in der Natur erstaunlich ist, nämlich daß vom aktiven Prinzip und dem Geist oder der universalen Seele her nichts so vorläufig, fehlerhaft und unvollkommen und schließlich dem Anschein nach gänzlich vernachlässigbar ist, das nicht Prinzip großer Operationen sein kann; meistens muß man sogar bis auf dergleichen zurückgehen, damit aus ihnen gewissermaßen eine neue Welt entstehen kann“ (OL III 497).

Das aber bedeutet, daß der Magier in diesen kleinsten und unbedeutenden Teilen die Anwesenheit des Universalprinzips kennt (OL III 408). Ähnlich wie schon Girolamo Fracastoro (1470–1553) hebt Bruno in diesem Zusammenhang die Sympathie aller Dinge miteinander hervor. Ferner ist es dann nur logisch, daß sich solche Verbindbarkeit von aktiven und passiven Eigenschaften der sinnlichen Dinge nicht auf einer Ebene allein, etwa einem Weltgeist oder Gottes Vorsehung, finden kann, sondern, daß diese Verknüpfungen selber sich vervielfältigen, wofür Bruno den Ausdruck *vinculum* (Fessel, Band, Verbindung) benutzt.

So entstand in derselben Zeit eine unvollständig gebliebene Schrift *Über die Bindungen im allgemeinen* (*De vinculis in genere*), in der nach Art einer Topik alle denkbaren Formen von Verbindungen, Fesseln, Tätern, Methoden und Objekten des Verbindens und Bindens besprochen werden. Auch hier wird die Zahl 30 wieder zur Ordnung der einzelnen Gruppen eingesetzt. Bindend in diesem Sinne sind generell Gott, Dämon, Seele, Lebewesen, Natur, Zufall, Glück und Schicksal. Sofort wird klar, daß „Binden“

keine körperliche Aktivität, sondern eine spirituelle Leistung ist, denn „der Körper treibt nicht von sich aus den Sinn an, sondern durch eine Kraft, die im Körper existiert und aus dem Körper herausgeht“, mit der logischen Konsequenz, daß das Binden einer Hand nur metaphorisch so genannt werden kann, weil sie sich nur nach einer „vielfältigen Vorbereitung zum Binden biegt und anschickt“ (OL III 655). Ähnlich wie der Magier muß also auch, wer immer in irgendeinem Sinne etwas binden, fesseln will, ein universales Verständnis haben, d.h. die Natur, Anlage, Neigung, Zustand, Gebrauch und Zweck der Sache, die gebunden werden soll, kennen (OL III 695). Selbstverständlich ist die Liebe das kräftigste Band, denn: „Wer nichts liebt, hat nichts zu fürchten, zu hoffen, sich zu rühmen, hochmütig zu sein, zu wagen, zu verachten, anzuklagen, zu entschuldigen, zu erniedrigen, nachzuahmen, sich zu erzürnen oder sonst irgendwie zu empfinden“ (OL III 684). Die besondere Struktur der Liebesbindung wird sodann in ganz ähnlicher Weise beschrieben wie in den *Heroischen Leidenschaften*, nämlich als Wegtreten von sich selbst, denn das Band besteht ja gerade darin, daß man sein möchte, wo man nicht ist, und zu haben wünscht, was fehlt; dies jedoch ist ein wechselseitiges Verhältnis: „Die Wechselhaftigkeit und Wechselseitigkeit (vicissitudo) des besonderen macht es, daß die einzelnen Dinge in gewisser Weise von sich wegtreten“ (OL III 692f.). Das eigentümliche dieser magischen Theorie besteht also darin, daß Brunos metaphysisches und erkenntnistheoretisches Problem der Verknüpfung des Disparaten und der Entfaltung der universalen Einheit unter dem Leitbegriff der Bindung auf alltäglicher, praktischer, psychologischer, aber auch kosmologischer Ebene abgehandelt wird.

Da diese Schrift in einer frühen und in einer ausgearbeiteteren Fassung überliefert ist, kann man sehr gut beobachten, wie Bruno selbst die Quellen, die offenkundig sind, und das ist in diesem Falle vor allem Marsilio Ficinos Philosophie der Liebe (*De amore*), sich anverwandelt. So sagt er z.B. über die Schönheit in der ersten Fassung: „Das Band der Schönheit wird ein Akt oder Strahl des Guten genannt, das erst im Geist, zweitens in der Seele, drittens in der Natur, viertens in der Materie ausstrahlt.“ In der bearbeiteten Fassung lautet der Passus dann so: „Das Band der Schönheit wird bei den Pythagoräern und Platonikern ein Blitz, Strahl und Akt genannt oder vielmehr ein Schatten und Abbild davon und eine Spur, die zuerst im Geist sich ausbreitet, den sie mit der Ordnung der Dinge schmückt, zweitens in der Seele, die sie mit der Reihung der Dinge füllt, drittens in der Natur, die sie mit Samen auszeichnet und stärkt, viertens in der Materie, die sie mit Formen ausstattet" (Scapparone/Tirinannzi 223 u. 196). Ficinos Lehre von den Stufungen des Seienden, die in der Schönheit zum Ausdruck kommt, wird hier nicht nur rhetorisch ausgeschmückt, sondern mit den spezifischen Denkformen Brunos gefüllt, vor allem der gleichförmigen Analogie der Ebenen und dem Spiel von Licht und Schatten, in dem das eine Spur des anderen ist, so daß die Verbindung gerade darin besteht, daß die Abwesenheit des einen immer zugleich Indiz seiner Anwesenheit ist.

Wegen der systematischen Sammlung von Indizien, Fällen und Anwendungsbeispielen der Beeinflussung von Dingen und Menschen sind Brunos Exzerpte zur Magie und speziell *De vinculis* als Handbuch zur Manipulation von Massen und Individuen bezeichnet und mit Machiavellis Schrift über den Fürsten verglichen worden (Couliano 89ff.). So ist das, wenn Philosophie praktisch wird. Zudem war festzustellen, daß Brunos Bestandsaufnahme der Tugenden und seine Theorie des heroischen Aktes wegen der extremen Konzentration auf die geistigen Fähigkeiten, die es erfordert, das Unbedingte im Meer des Begrenzten zu finden, keine ethische Theorie aufbringen kann. Praxis und Moral sind nicht dasselbe. Daß Magie und Astrologie praktisch werden wollen, konnte man z.B. schon bei Marsilio Ficino beobachten, der nicht nur in seinem Dialog über die Liebe nach dem Aufstieg zur reinen Schönheit auch lebensnahe Hinweise zur Psychologie und Physiologie der Liebe gegeben hatte, sondern zudem in seinem großen medizinischen Werk *Über das Leben* (*De Vita*) Theorie und Praxis des geistigen Zusammenhanges zwischen der körperlichen und der intellektuellen Welt in Form einer astrologischen Medizin ausgebreitet hatte. Deshalb gehörte auch die Medizin in den weiteren Umkreis der magischen Theorie und Praxis, da die Medizin traditionell an der Schnittfläche zwischen Naturtheorie und Umgang mit dem Funktionieren des lebenden Körpers und seiner materiellen Beschaffenheit angesiedelt war.

Man mag sich auch daran erinnern, daß die Abkehr des Renaissancehumanismus von der scholastischen Wissenschaft nicht zuletzt darin bestand, die Komplexität des Menschen zu preisen und seine hervorragende Stellung in der Schöpfung nicht nur in seiner Intellektualität, sondern auch in der Funktionalität seines Körpers zu sehen, wie dies modellhaft Giannozzo Manetti (1396–1459) beschrieben hatte. So wie die Medizin in der Hierarchie entweder die nobelste aller Techniken oder die technischste der Naturwissenschaften war, so konnte auch die Magie als Anwendung einer Geistesmetaphysik bzw. als philosophisch begründete Praxis eine solche Mittelstellung in Anspruch nehmen. Dieser Meinung war z.B. auch Giovanni Pico della Mirandola, der in seinen *900 Thesen* die Magie als den praktischen Teil der Naturwissenschaft und sogar als ihren edelsten Teil bezeichnete, auch wenn er im Unterschied zu Bruno deutlich göttliche Wunder von der magischen Praxis zu unterscheiden versuchte (ed. S. A. Farmer, 1998, S. 494ff.).

Wenn auch die Durchseelung aller Dinge eine gemeinsame Voraussetzung aller Theoretiker der Magie in der Renaissance war, so muß man doch versuchen, Unterschiede zwischen einzelnen Autoren festzumachen, besonders dann, wenn die Abhängigkeit voneinander offensichtlich ist, wie dies im Falle Brunos gegenüber Ficino eindeutig ist. Achtet man auf kleine Veränderungen bei direkten oder indirekten Zitaten, kann man beobachten, daß ähnliche Begriffe verschiedene Bedeutungen annehmen können. Zwar fügt Bruno z.B. seine Theorie von Licht und Schatten in die platonische Lichttheorie Ficinos ein, und sogar Ficino verwendet das an sich naheliegende Phänomen des Schattens im Licht, so z.B. in seinem Kommentar zu Platons *Sophistes* (ed. M. J. B. Allen, *Icastes*, 1989, 271–277). Jedoch billigt er den Schatten einen grundsätzlich eigenständigen ontologischen Status gegenüber dem Licht zu und erklärt den Schatten aus der Existenz des Hindernisses. In diesem Sinne ist Ficinos Kosmologie wohl viel dualistischer als die Brunos, der – wie gesagt – den Schatten als Phänomen des Lichts selbst versteht. Dazu gehört auch, daß Marsilio Ficino immer wieder eine klare Hierarchie voneinander ontologisch unabhängiger Ebenen – z.B. göttliche, menschliche und dämonische Wirkungsweise – annimmt, so daß er behaupten kann, daß sogar die Bilder, die im Innersten des Menschen sind, insofern sie von einem geistigen und dämonischen Wesen gemacht sind, aus einer dämonischen Machenschaft hervorgehen (Allen,

S. 273). Ficino hielt Dämonen für Realität, für Bruno waren sie Bilder der Wirklichkeit. Deshalb hat D. P. Walker den Nolaner auch nicht in seine Geschichte der Dämonen-Magie aufgenommen (*Spiritual and Demonic Magic from Ficino to Campanella*, 1958).

Bruno stellt also Ficinos Frage nach dem geistigen Wirken in der materiellen Welt erneut und beantwortet sie ähnlich und doch neu. Seine geistigen Wirkkräfte können auf keine separate ontologische Stufe verwiesen werden, sondern finden sich letztlich in dem, der magisch operiert. Von der humanistischen Verehrung für die Mittelstellung des Menschen im Kosmos zwischen geistiger und körperlicher Welt kommt Bruno auch hier unverkennbar zur Zentralstellung des Menschen als Individuum, genauer gesagt: als Bruno, in einer nur durch ihn selbst und nur durch Nachvollzug der kosmischen Ordnung zu ordnenden Welt. Denn die auch von ihm angenommenen geistigen Formen verschiedener Qualität finden sich – und das wiederholt er ausdrücklich in seiner Schrift *Über die Bindungen*, indem er auf *De l'infinito* und *De la causa* verweist (OL III 696) – ausschließlich in der Materie selbst, so daß derjenige, der „fesseln" will, die Bedingungen der Materie beobachten und kennen muß. Außerdem verweist er hierfür zurück auf seine frühe Londoner Schrift *Sigillus sigillorum*, in der er die Psychologie des Durchschauens natürlicher Relationen ausgebreitet hat (OL III 694). Weil auch auf der praktischen Seite, etwa der erotischen Verführung, alles von den psychischen Fähigkeiten des Brunoschen Heros abhängt, hat seine Bildtheorie, obwohl sie keineswegs empiristisch ist, so viel Ähnlichkeit mit einigen Strömungen der Psychologie des 20. Jahrhunderts. Lenkt man jedoch den Blick zurück auf die platonisierende Theorie der Magie vor Bruno, stellt sich die Frage, ob nicht dort Alternativen zum subjektivistischen und epistemologischen Zugang zum Wissen und zum Wissen von der Welt bestanden haben, welche die Ganzheit des Wissens und des Gewußten in einer außermenschlichen und in diesem Sinne objektiven Intellektualität der Wirklichkeit suchten.

Die Jahre in Wittenberg und Helmstedt waren, auch wenn Bruno mit den genannten magischen Schriften und Exzerpt-Sammlungen (*De rerum principiis* und *Medicina lulliana*) neues Material aufnahm, offenkundig der Zusammenfassung, Überarbeitung und Vollendung seiner Philosophie gewidmet, die er dann in seiner Frankfurter Trilogie in der umfassendsten Form vorstellte. Im Juli 1590 wird ihm vom Frankfurter Bürgermeisteramt beschieden, „daß er sein pfennig anderstwo verzere," und die Aufenthaltserlaubnis verweigert, aber Bruno findet bei den Karmelitern Unterschlupf (Peregrinatio 134), denn deren Kloster war von der städtischen Gerichtsbarkeit ausgenommen und pflegte ausländische Besucher der Buchmesse aufzunehmen. Bei einem der mächtigsten Verlagshäuser seiner Zeit, Johann Wechel und Petrus Fischer, veröffentlicht er die Schriften *Das dreifache Minimum und das Maß als Prinzipien der drei spekulativen und vieler aktiven Techniken* (*De triplici minimo et mensura ad trium speculativarum scientiarum et multarum activarum artium principia*), *Monade, Zahl und Figur; Fortsetzung zu den fünf Büchern über das Kleinste Große und das Maß* (*De monade, numero et figura, liber consequens quinque de minimo magno et mensura*), *Das Unzählbare, das Unermeßliche und das Unfigürliche, oder: Das Universum und die Welten* (*De innumerabilibus, immenso et infigurabili, seu de universo et mundis*). Dabei ist zu beachten, daß dies die richtige Reihenfolge ist, während die Werkausgabe am Ende des 19. Jahrhunderts sie in verkehrter Folge abgedruckt hat.

Die Frankfurter Trilogie erschien in zwei Bänden zur Frühjahrs- und zur Herbstmesse 1591 in Frankfurt, weil Bruno zwischenzeitlich in Zürich Vorlesungen hielt. Aus demselben Grund findet sich das Vorwort zum Gesamtwerk vor dem dritten Teil, *De immenso*, mit einer ausführlichen Widmung und Lobrede für Herzog Heinrich Julius von Braunschweig. Der Autor faßt dort die Absicht seines Werkes folgendermaßen zusammen: In den Büchern *De minimo* findet man „die Erkenntnis der ersten Prinzipien"; in *De Monade* „die Grundlagen und Spuren" der Vorstellungen, Meinungen und Erfahrungen und zwar im Hinblick auf Offenbarung, Glaube und Prophezeiung; in *De immenso* zeigt sich „die Ordnung der Natur begreiflich und unbegreiflich" vermittels evidenter, sicherer und starker Beweisführungen, soweit sie in dieser Welt zur Verfügung stehen. In der ersten Schrift habe die Weisheit einen Körper, in der zweiten einen Schatten, in der dritten eine Seele. Dabei müssen wir darauf achten, daß dem Minimum der Körper zugewiesen wird, während die Grundlagen des Wissens und Meinens als Schatten und die Ordnung der Natur als Seele dargestellt wird. Dies scheint der landläufigen Meinung entgegenzustehen. Gemeint ist, daß das Minimum (z.B. als Atom) die Substanz von allem ausmacht, während Monaden, Zahlen und Figuren „Schatten der Prinzipien" sind, und die Ordnung der Natur sowohl von der Sache her, als auch von der Erkenntnis her die Qualität einer Seele hat. Dementsprechend handelt *De minimo* von Grenzen, vom Kleinsten, von Größe, geometrisch ausgedrückt in Linien, Winkeln und Dreiecken, die durch sich überschneidende Kreise entstehen. *De monade* handelt dann von der Substanz der Dinge, insofern sie qualitativ und quantitativ sind. Das dritte Buch schließlich, *De immenso*, handelt von der im üblichen Sinne sichtbaren Welt, jedoch hinsichtlich ihrer Unendlichkeit, ihrer Elemente usw. (OL I 1, 196–198). Während das dritte Buch in weiten Teilen die Inhalte der italienischen Dialoge zur Kosmologie und Metaphysik wiederholt, stehen die beiden ersten Bücher in direktem Zusammenhang mit den mathematischen Interessen Brunos und beanspruchen eine geometrisch-mathematische Begründung der Kosmologie und Metaphysik. Alle drei Schriften bestehen aus Hexametern mit Kommentaren in Prosa, wobei die Versteile ein archaisches Latein nachahmen und schon von der Form her an die Grundschrift des antiken Atomismus, *De rerum principiis* von Lukrez, erinnern.

Auch andere Philosophen der Renaissance haben ihr Wissen in Lehrgedichten verbreitet, es sei nur an die erste wissenschaftliche Beschreibung der Syphilis durch Girolamo Fracastoro und an die philosophischen Gedichte von Tommaso Campanella erinnert. Nun kann in der frühen Neuzeit Atomismus vielerlei bedeuten, zumal seit René Descartes und Pierre Gassendi in der naturwissenschaftlichen Diskussion Atome oder Korpuskeln als Grundbausteine der sichtbaren Welt angenommen wurden. (Gassendi besaß übrigens ein Exemplar von *De monade*: Sturlese 1987, 123.) Diese wissenschaftliche Hypothese war im Sinne einer Mechanisierung des Weltbildes erfolgreicher als die scholastische Theorie von Formen und Akzidentien im Verhältnis zu einer unbestimmten Materie. Obwohl Bruno möglicherweise dieser Art Denken vorarbeitet, ist es jedoch nicht seine primäre Absicht. Auf der Suche nach dem universalen Prinzip für die Gesamtheit der Welt und die sichtbaren und einzelnen Dinge, übernimmt er atomistisches Denken und konzentriert es auf eine Theorie des Kleinsten, des Minimum, der Monade oder des Atoms, die von vornherein beansprucht, eine universale Lehre zu sein, d.h. nicht nur empiristisch, sondern auch metaphysisch, und deshalb sieht er jedenfalls zu dieser Zeit seine Herausforderung in der Geometrie als der für alles dienstbaren Vermittlungswissenschaft.

In ausdrücklicher Konkurrenz zu dem Lehrbuch der Geometrie schlechthin, nämlich Euklids *Elementa*, stellt Bruno in den Prager *Artikeln gegen die Mathematiker* und in den erst 1964 veröffentlichten *Geometrischen Vorlesungen* (*Praelectiones geometricae*) eine anspruchsvolle neue Geometrie vor, die in ihren Grundlagen zu studieren Aufgabe der Mathematikhistoriker ist. Auch er gliedert seine Darstellung in Axiome, Definitionen, Theoreme usw., doch wird schon aus dem ersten Lehrsatz der Unterschied deutlich. Während Euklid mit der Definition beginnt: „Ein Punkt ist, was keine Teile hat", beginnt Bruno mit der These: „Das Universum ist das Maximum. Das Ganze ist größer und vollkommen. Der Teil ist kleiner, unvollkommen und dem Maß näher. Das Individuum ist das Minimum, weder vollkommen, noch unvollkommen, und allgemeinstes Maß. Die Grenze ist kein Teil, sie ist unteilbar im negativen Sinne" (OL I 1, 10). Zum letzten Begriff, Grenze (*Terminus*), sagt Euklid: „Grenze ist, was das äußerste von etwas ist" (I 13). In der Geometrievorlesung beginnt Bruno mit dem Axiom: „Von einem gibt es einen Begriff, von ähnlichem einen ähnlichen, von gleichem einen gleichen, von gegensätzlichem einen gegensätzlichen, von umgekehrtem einen umgekehrten" (*Praelectiones* 7). Diese tautologische Formel verweist einerseits auf die lullistische Argumentation der Vergleichbarkeit der Begriffe und Seinsstufen, andererseits auf das „Gesetz der Relativen", mit dem Bruno im Prozeß die Gleichheit von unendlicher Macht und unendlicher Schöpfung Gottes bezeichnet (P 300).

Der Unterschied besteht darin, daß Euklid von einer konstruierenden und zeichnenden Geometrie ausgeht und sie von den einfachsten Annahmen zu komplizierten Konstruktionsanweisungen und Beweisen entwickelt. Bruno dagegen geht von metaphysischen und erkenntnistheoretischen Grundannahmen aus und spannt seine Geometrie sogleich in die Extreme des Allergrößten und des Allerkleinsten, um sowohl die Paradoxe, die darin enthalten sind (z.B. den Grenzbegriff), als auch die elementaren Gedankenoperationen wie die begriffliche Vergleichung als Arbeitsgebiet der Geometrie abzustecken. Er faßt daher wie schon in seiner Schrift über den Zirkel Mordentes quantitative und qualitative Mathematik zusammen, d.h. die Mathematik der quantitativen Größen und der geometrischen Figuren (OL I 1, 16). Denn Geometrie bedeutet für ihn so viel wie „Figuration": die sinnliche Gestaltung abstrakter Begriffe und Aufweis universaler Prinzipien in geometrischen Figuren.

Zu diesem Zweck konstruiert er drei geometrische Grundfiguren, zu denen dann zahlreiche weitere Figuren hinzutreten, zumeist als Anwendungen oder Fortentwicklungen dieser Grundfiguren. Die erste nennt er die Figur des Geistes: sie besteht aus vier gleichgroßen Kreisen, die jeweils durch die Mittelpunkte der anderen drei gehen, die zweite nennt er Figur des Intellekts, sie besteht aus einem mittleren Kreis und sechs gleichgroßen ihn umgebenden und berührenden Kreisen. Die dritte Figur, genannt Figur der Liebe, besteht aus vier Kreisen, von denen jeweils zwei sich gegenüberstehen und einander in einem Mittelpunkt berühren (OL I 3, 20, 78–80; vgl. *De minimo* IV, OL I 3, 277–282). Auf den ersten Blick leuchtet ein, daß diese drei Grundfiguren eine Unzahl möglicher Winkel, Tangenten und Sekanten produzieren, an denen zahlreiche geometrische Grundgesetze dargestellt werden können. Besonders kommt es nun Bruno aber darauf an, zu beweisen, daß in Wirklichkeit die elementaren geometrischen Figuren nicht aus inkommensurablen Größen bestehen können, sondern auf einfache Grundgrößen zurückgeführt werden können, vor allem aber, daß die Anreicherung eines zentralen Kreises mit ihn umgebenden, einander berührenden Kreisen (was immer nur sechs sein können) das Grundmuster des Aufbaus der sinnlichen Welt ist, so daß jedes endliche Gebilde sich grundsätzlich aus Zusammenballungen solcher „Kugeln" aufbaut. Es scheint, daß diese Überlegungen von Johannes Kepler (1571–1630) bei der Erklärung der sechseckigen Struktur von Schneekristallen übernommen wurden (*Strena seu de nive sexangula*, 1611), während Joachim Jungius (1587–1657) sie mathematiktheoretisch fortentwickelt hat (Lüthi in *Bruniana et Campanelliana* 4, 1998).

Was auf den ersten Blick absurd zu sein scheint, hat seinen philosophischen Sinn darin, daß Bruno der Meinung ist, daß die

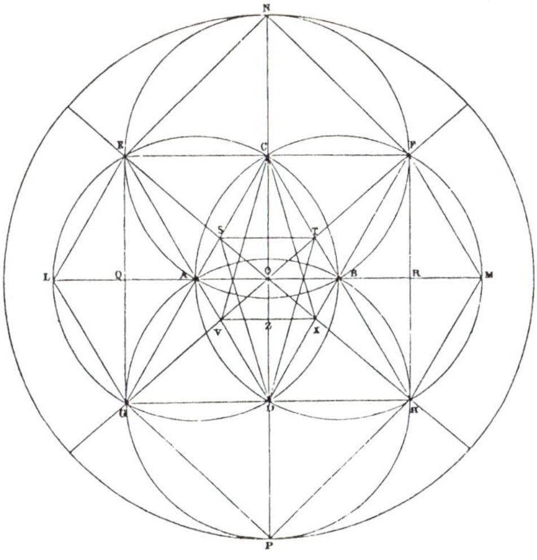

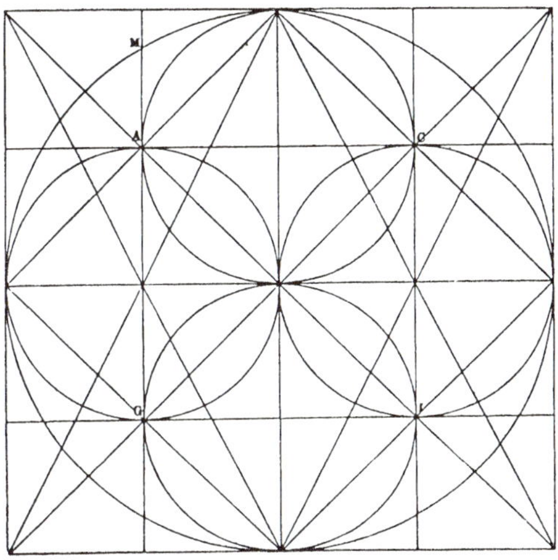

Abb. 7: Zwei der geometrischen Grundfiguren, die alle technisch möglichen Konstruktionen enthalten (in Artuculi adversus mathematicos *und in* De minimo, *OL I 3, 78 u. 80, 278 u. 280). „Hof des Apoll" und „Hof der Minerva" genannt; auch die einzelnen Kreise tragen Namen der griechischen Mythologie. „Fruchtbar sind diese Figuren, weil sie nicht nur die Konstruktion jedes Maßes, sondern auch die Archetypen und Sigel aller Dinge enthalten ... Alle Formen erstrahlen im Bild als Teile des Einen wie eine einzige Substanz." (*De minimo *IV 6, OL I 3, 283).*

traditionelle Geometrie, insofern sie mit Zirkel und Lineal konstruiert, was sie arithmetisch nicht berechnen kann, notwendigerweise nur zu ungenauen Ergebnissen kommen kann; daß also hinsichtlich der Maße, und das heißt auch hinsichtlich der Wirklichkeit des geometrisch dargestellten, die Geometrie keineswegs mathematisch exakt, sondern höchst ungenau ist. An zahlreichen Stellen seines Werkes polemisiert er dagegen, daß die geometrische Darstellung der Natur nicht exakt sein kann, da die Natur, wie sie faktisch ist, nicht aus irrationalen Größen bestehen kann. Dies gilt für den Sternenumlauf (OL I 1, 186; OL III 469) und auch alle anderen Kreisläufe in der Natur (OL I 1, 364f.), den Globus (I 1, 360; vgl. DI 442), jede Art von Ortsbewegung (OL I 1, 160 u. 189f.); sodann selbstverständlich auch für die Bewegungen der Seele (OL I 1, 365 u. II 7, 92 u. 260). Nur auf der Basis eines Minimum als realem und mathematischem Ausgangspunkt jeder Berechnung und jeder Wirklichkeit ist für Bruno Geometrie möglich, so daß er sagt: „Unkenntnis des Minimums macht die Geometer unserer Zeit zu Geametern und die Philosophen zu Philasophen" (Erdvermesser zu Erd-Unmessern, Weisheitsliebende zu Gerne-Unweisen; OL I 3, 21). Bruno will die Geometrie der kontinuierlichen in eine der diskreten Quantität überführen.

Vor- und Nachteil dieses Verfahrens liegen auf der Hand: Es muß unklar bleiben, ob unter dem Minimum ein Punkt ohne Quantität, ein gedachtes Gebilde oder doch eine körperliche Kugel zu verstehen ist. Hiervon und von den daraus folgenden Paradoxen handeln *De minimo* und *De monade*. Leicht hat der neue Mathematiker es sich nicht gemacht, denn in seiner Theorie findet sich eine schwer zu sondierende Mischung von mathematisch abstraktem, ontologischem und plastischem Denken. Gegen die jahrhundertealte Lehre, daß Quantitäten bis ins Unendliche teilbar sind, argumentiert er z.B. in *De minimo* (I 6): Es leuchte doch jedem ein, daß die Natur der Dinge beliebig vielfach zu einer gegebenen Größe mehr und mehr hinzufügen könne, und das gelte für Zahlen genauso wie für Wissen oder Begriffe, für Stimmen oder Worte. Wenn wir also Masse zu Masse, Zahl zu Zahl hinzufügen, gibt es zu keinem Zeitpunkt ein natürliches Ende. Bruno beschreibt also an dieser Stelle völlig verschiedene Formen der Vermehrung, mindestens aber qualitatives und quantitatives Wachsen. Aber von hier aus dreht er den Gedanken um und sagt:

So wie wir beliebig hinzufügen können, so können wir auch immer wieder etwas wegnehmen; indem wir aber „etwas“ wegnehmen, vermindern wir um ein endliches Etwas, so daß gemäß dieser plastischen Vorstellung wir notwendig zu einem Atom oder einem Kleinsten, einem Minimum, kommen müssen, von dem kein Etwas mehr weggenommen werden kann. Würden wir bis ins Unendliche verkleinern können, würde dem Hinzufügen das Prinzip fehlen. Angesichts der breiten Literaturkenntnisse, die Bruno in diesen Schriften zu verstehen gibt, können wir nicht annehmen, er habe den Unterschied zwischen logischen, metaphysischen und materiellen Elementen oder Prinzipien nicht gekannt; folglich müssen wir annehmen, daß er diese verschiedenen Bedeutungen von Prinzip, Anfang, Ursprung, Element, und folglich auch von Minimum, Monade und Atom vorsätzlich vermischt und miteinander identifiziert (OL I 3, 150–154).

Wenn man Brunos Absicht in dem Satz zusammenfaßt: Die ganze Welt basiert auf mathematischen Strukturen, und wenn man daran erinnert, daß auch die moderne, mathematisch orientierte Naturwissenschaft seit Galilei auf ähnlichen Quellen wie Bruno aufbaut, nämlich platonischen und pythagoreischen Quellen – die vor allem Marsilio Ficino in lateinischer Sprache verbreitet hatte, wonach der Kosmos in Proportionen und der Entfaltung von Zahlenverhältnissen besteht (vgl. z. B. Ficino, Opera 1576, S. 386–390, 1451–53), – dann könnte man meinen, Bruno habe aktiv zum modernen wissenschaftlichen Weltbild beigetragen. Andererseits könnte der Unterschied nicht größer sein, denn die Entwicklung des wissenschaftlichen Weltbildes seit dem 17. Jahrhundert basiert auf einer methodischen Trennung von quantitativer Forschung und theologisch begründeter Metaphysik. Bruno jedoch will umgekehrt diese Wissensbereiche unlöslich miteinander verbinden. Deshalb beginnt er die Schrift *De minimo* mit der Dreiheit Gott, Natur und Vernunft:

„Der Geist über allem ist Gott, der Geist in allen Dingen die Natur, der Geist, der alles durchdringt, die Vernunft. Gott schreibt vor und ordnet, die Natur führt aus und schafft, die Vernunft betrachtet und durchdenkt. Gott ist die Monade als Quelle aller Zahlen, die Einfachheit jeder Größe und Substanz jeder Zusammensetzung, das was über jeden Moment, jedes unzählbare und unermeßliche hinausragt. Die Natur ist die zählbare Zahl, die meßbare Größe, das erreichbare Moment. Die Vernunft ist die zählende Zahl, die messende Größe, das wahrnehmende Moment.“ (OL I 3, 136)

Wie erwähnt, gab er den drei Grundfiguren die Namen Geist, Intellekt und Liebe, und damit wir versichert sind, daß Bruno seine Interessen an der Mnemotechnik und der symbolischen Darstellung nicht verloren hat, faßt er in seinen Geometrievorlesungen die Axiome in Versen zusammen und gibt ihnen Namen aus der griechischen Mythologie wie Orestes, Pylades, Amyntas usw. Brunos Geometrie ist somit selbst wiederum eine Zusammenfassung seiner philosophischen Bestrebungen, die Einheit der verschiedenen intellektuellen Fähigkeiten und der Vielfalt der Welt zu erfassen. Deshalb dient ihm der Begriff der Monade, der Einheit, als Chiffre für dieses Bestreben selbst, nämlich Einheit zu sein, Einheit zu denken, sie aufzufinden und sie konstruktiv zu vervielfältigen. Einheit läßt sich daher auf allen Ebenen des Wissens und Denkens und in allen Gegenständen wiederfinden, und genau dafür ist die Monade die Garantie, daß der Atomismus nicht in eine Anarchie unvermittelter Punkte ausartet, sondern aus der Einheit heraus die Ordnung sich selbst herstellt, die das ganze zusammenbindet und das einzelne an seinem jeweiligen Platz definiert.

Offenbar während er an seinem dreiteiligen Hauptwerk arbeitete, verfaßte Bruno auch noch eine größere mnemotechnische und kosmologische Schrift, die *Leuchte der dreißig Statuen*, die zu Lebzeiten unveröffentlicht blieb, und er hielt in Zürich eine Vorlesung mit dem Titel *Leuchte über den Abstieg des Seienden*, die von einem der Hörer, Raphael Egli, unter dem Titel *Summa terminorum metaphysicorum* 1595 in Druck gegeben wurde und 1609, um Begriffserläuterungen des Philosophen Rudolph Goclenius u.a. erweitert, nachgedruckt wurde. Möglicherweise haben Egli und Bruno sich in Frankfurt anläßlich der Buchmesse getroffen, und vielleicht kannten sie sich schon aus Brunos kurzer Zeit in Genf, wo Egli studiert hatte. Obwohl die sogenannte *Summa* ohne Zweifel Brunos Philosophie wiedergibt, hat sein Schüler ihn vielleicht doch recht verstanden, wenn er seine Mitschrift als kleines philosophisches Lexikon veröffentlichte, ja sogar als *Abriß metaphysischer Terminologie*, denn es war schon öfter zu beobachten, daß Bruno zum Eintritt in die akademische Welt konventionelle, schulmäßige Formen verwendete.

IX. Nach Venedig: Der Prozeß des Ketzers

Bei seiner Rückkehr nach Frankfurt erhält Bruno durch zwei venezianische Buchhändler eine Einladung des Patriziers Giovanni Mocenigo, der von seinem Buch *De minimo* begeistert war, nach Venedig. Im Herbst 1591 trifft er dort ein, fährt aber gleich weiter nach Padua, der Universität des venezianischen Territoriums, wo er seinen Schüler Hieronymus Besler trifft, um sich auf eine seit Jahren vakante Professur für Mathematik zu bewerben. Zu diesem Zweck verfaßt er die erwähnten *Vorlesungen zur Geometrie* mit Auszügen aus seiner Frankfurter Trilogie. Wieder einmal pendelt er zwischen Universität und Adel, und erst als sich seine Hoffnung zerschlägt, zieht er in das Haus Mocenigos. Dieser zeigt den Gast am 23. Mai 1592 bei der Inquisition an, seinen Aussagen und Brunos Verteidigung nach aus Enttäuschung darüber, daß Bruno nicht wie erwartet die Geheimnisse der praktischen Magie lehrte. Endlich einmal hatte der Philosoph einen Mäzen und Bewunderer gefunden, und nun konnte er dem Ruf nicht entsprechen, der ihm vorauseilte.

Es begann ein Inquisitionsverfahren, das Luigi Firpo (P) dokumentarisch und juristisch genau nachgezeichnet hat, welches nach fast acht Jahren mit Verurteilung und Hinrichtung endete. Die Dokumente und Abläufe des Prozesses sind ein Zeugnis hoher philosophischer und theologischer Qualität und unendlicher Bürokratie. Das Verfahren schien in Venedig glimpflich auszugehen, da sich Mocenigos Anschuldigungen nicht bestätigen ließen, und der Angeklagte seinen philosophischen Leichtsinn zugab, Reue zeigte und um Vergebung bat (30. 7. 1592; P 195 ff.). Wie üblich wurde das Verfahren nach Rom gemeldet, die römische Inquisition erinnerte sich jedoch an den früheren Fall Bruno aus den 70er Jahren und wollte das Verfahren an sich ziehen. Nach einigem diplomatischem Tauziehen, denn Venedig war auf seine Eigenständigkeit bedacht (was auch den exkommunizierten Emigranten in Sicherheit gewogen haben mag), wurde der Angeklagte übergeben, und er traf im Februar 1593 in Rom ein. Vielleicht wäre auch hier der Prozeß mit einer kurzen Gefängnisstrafe ausgegangen, was der Rechtslage in Venedig entsprach, hätte nicht der Kapuzinerpater Celestino da Verona, zeitweise Mitgefangener in Venedig, der 1599 als Häretiker hingerichtet wurde, plötzlich neue schwere Häresievorwürfe gegen Bruno erhoben (vgl. P 47f.), die von Venedig nach Rom weitergegeben wurden. Das Verfahren wurde neu aufgerollt, zumal auch Mocenigo noch einige Vorwürfe nachschob. Anfang 1594 trat die übliche Phase der Überprüfung des Prozesses ein, in der Zeugen und Angeklagte erneut in Venedig und Rom vernommen wurden.

Nun mußten noch Brunos Schriften untersucht werden, was sich einschließlich der Beschaffung seltener Drucke, Gutachten und Verhöre bis Ende 1597 hinzog. Die Akte Bruno war inzwischen so angeschwollen, daß Anfang 1598 eine Zusammenfassung (*Sommario*, P 247ff.) bestellt wurde, was für den Gefangenen weitere Wartezeit bedeutete. Für die Historiker ist es eines der wenigen Dokumente über den römischen Teil des Prozesses, da die Originalakten, vermutlich während der Entführung des Vatikanischen Geheimarchivs Anfang des 19. Jahrhunderts nach Paris, verlorengegangen sind. Eine der bekanntesten Autoritäten des Inquisitionstribunal, des Heiligen Offiziums, war Roberto Bellarmino, Jesuit und Kardinal, der seit Januar 1597 theologischer Berater bei Papst Clemens VIII. war und gerade ein mehrbändiges Werk über die Streitfragen zwischen Katholiken und Protestanten veröffentlicht hatte (*Controversiae*). Im Januar 1599 reduzierte er, um das Verfahren abzukürzen, die Vorwürfe gegen Bruno auf acht Thesen, von deren Ablehnung oder Verteidigung das Urteil abhängen sollte (P 312f.). Bruno scheint darauf positiv reagiert zu haben (P 317 u. 324f.). Dennoch war das Verfahren nicht abgeschlossen, denn es waren noch andere Irrtümer abzuhandeln. Da diese offenen Fragen weder von Bruno zugegeben, noch juristisch hinreichend abgesichert waren, insofern sie z.T. auf Aussagen anderer Ketzer (wie Celestino) beruhten, schlugen die Inquisitoren-Kardinäle die Folter vor. Clemens VIII. hielt aber die Schuld des Delinquenten wegen der zugestandenen Punkte bereits für erwiesen und ordnete nur die verfahrensmäßig vorgeschriebene Bedenkzeit von vier Wochen an (P 328f.).

Es gibt übrigens auch sonst keine Belege, daß Bruno gefoltert worden wäre, wohl aber, daß ihm der nötige Bedarf wie Mantel, Schreibzeug und Brille bewilligt wurde. Als er Messer (zum Federnspitzen) und Zirkel erbittet, wird das – wie wohl in Gefängnissen üblich – abgelehnt (P 324). Den Zirkel wird er benötigt haben, um seine atomistische Geometrie oder das kopernikanische Planetensystem darzustellen.

Jedenfalls überreicht der Gefangene in der letzten Prozeßphase dem Papst ein Schreiben zusammen mit der Absichtserklärung, sich der Kirche zu unterwerfen (16. 9. 1599; P 331). Überraschenderweise erklärt er jedoch am 21. Dezember 1599, er habe „nichts zu überdenken und wisse auch nichts, worüber er sich bedenken solle", woraufhin zwei Obere der Dominikaner zu ihm geschickt wurden, ihn zu überreden (P 333). Offenbar behauptete er nun, nie etwas Häretisches geschrieben zu haben; vielmehr sei er mißverstanden worden und daher bereit, über alle seine Schriften Rechenschaft abzugeben und sie vor jedem Theologen zu verteidigen, denen gegenüber er sich jedoch nicht verantwortlich fühle, sondern nur dem Apostolischen Stuhl und den kirchlichen Dekreten (P 338); dies war vielleicht der Inhalt des Schreibens vom September. Daraufhin ordnete der Papst den Abschluß des Prozesses und die Überlieferung des Ketzers an das weltliche Amt an (P 338). Da Bruno zunächst die acht Thesen für häretisch anerkannt hatte, ihm aber weitere Vorwürfe drohten, verlegte er möglicherweise seine Verteidigung auf den Grundsatz „Nulla poena sine lege" (Keine Strafe ohne Gesetz[esverstoß]), was ihm jedoch als Beharren auf den Irrtümern ausgelegt wurde. Schon im Februar 1599 hatte er auf die acht Lehrsätze mit der Rückfrage reagiert, ob es sich um erst neuerdings oder schon von den Kirchenvätern, der Katholischen Kirche und dem Apostolischen Stuhl für ketzerisch erklärte und verdammte Lehren handle; im zweiten Falle sei er zum Widerruf bereit (P 315). Damit stellte er die kirchenrechtliche Kompetenz der Inquisitoren in Zweifel.

Anders als im weltlichen Recht bestrafte die Inquisition nicht vergangene Taten, auch nicht die Äußerung ketzerischer Lehren zu irgendeinem Zeitpunkt, sondern das Beharren darauf während des Verfahrens. Daher die große Bedeutung des Widerrufs, auch wenn dieser das Verbot der früheren Publikationen und einen Maulkorb für die Zukunft nach sich zog. Der Schuldspruch vom 8. Februar 1600 wiederholt daher fünfmal und abschließend, daß der Beschuldigte „ohne Reue, beharrlich und verhärtet" (*heretico impenitente, pertinace et ostinato*) in seiner Häresie sei und deshalb dem weltlichen Gericht übergeben werde (P 341f.). Am 17. Februar 1600 wurde er auf dem Campo de' Fiori in Rom lebendig verbrannt. Soweit die juristische Seite des Verfahrens.

Inhaltlich sind die Prozeßdokumente nicht nur eine der wichtigsten Quellen für Brunos Vita, sie enthalten auch zahlreiche Zitate und Verweise auf seine Philosophie, so daß man sie fast daraus rekonstruieren könnte, wenn seine originalen Schriften alle verloren wären. Um aber die Gedankengänge der Inquisitoren zu verstehen, ist es nicht so wichtig, gegen welcher Art Vorwürfe seitens der Denunzianten der Angeklagte sich verteidigen mußte, interessanter ist, nach welchen Themen in der offiziellen Zusammenfassung (*Sommario*) das Verfahren gegliedert ist. Die rund dreißig Themen enthalten disziplinarische Fragen wie z.B. das Verbot, Fleisch am Freitag zu essen, den Zölibat oder die Lektüre verbotener Bücher (P 291 288, 292), einen großen Teil dogmatischer Fragen wie die Sündenlehre oder die Heiligen- und Reliquienverehrung (P 263 u. 277ff.). Sie beginnt aber mit Brunos Verhältnis zur Kirche und zur Gotteslehre.

So wird erzählt, ihm sei einmal bei einem Spiel ein Vers von Lodovico Ariosto zugefallen: „D'ogni legge nemico e d'ogni fede" (Jedem Gesetz und jedem Glauben feind; *Orlando furioso* 28, 99; P 249–252). Andererseits berichtet sein Denunziant Mocenigo, Bruno habe den erst im Januar 1592 gewählten Papst Clemens VIII. als „weltgewandten Mann" (*galant'uomo*) geschätzt, was insofern richtig ist, als Clemens solche großen Gelehrten wie Roberto Bellarmino und den Historiker Caesar Baronius zu Kardinälen ernannt hat, vor allem aber „fördert der Papst die Philosophen, und so kann ich hoffen, auch unterstützt zu werden wie der Philosoph Patrizi, der an nichts glaubt" (P 248). Tatsächlich war Francesco Patrizi (1529–1597), den Bruno in *De la causa* als „Pedantendreck" beschimpft hatte (DI 260), 1592 Professor für platonische Philosophie an der römischen Universität Sapienza geworden. Möglicherweise schätzte Bruno daraufhin die philosophische Toleranz des Papstes falsch ein, und dies auch noch gegen Ende des Verfahrens. Gleichzeitig aber ist in diesen Kapiteln des Prozesses davon die Rede, daß Bruno geplant haben soll, eine eigene Sekte zu gründen, bzw. in Deutschland schon gegründet habe, die Giordanisten (P 248–253, 294). Der Angeklagte bestritt das, und offenbar kam man auf diesen Punkt auch nicht mehr zurück. Einerseits forderte Bruno immer wieder, vor allem im *Spaccio*, eine allgemeine Reformation, andererseits war aber auch zu sehen, daß sein Verhältnis zur philosophischen Theologie durch und durch elitär war, so daß es zweifelhaft ist, daß er sich wirklich zum Führer einer breiten Bewegung hätte aufschwingen wollen. Er sah seine Rolle als Verkünder einer philosophischen und theologischen Wahrheit, kaum jedoch als Praktiker einer Religion, der er auch noch im Prozeß eine nach Zeiten und Regionen relative Funktion im Gegensatz zur Philosophie zubilligte (P 278), so daß er guten Gewissens behaupten konnte, er habe mit katholischer Dogmatik nichts zu tun, denn: „Philosophie ist mein Beruf" (Vita 720).

Von größerer theologischer Bedeutung war sein Verhältnis zur Trinität, zum Gottesbegriff und zur Inkarnation, zumal dies auch schon in den frühen Verfahren in Neapel, zusammen mit seinem Verhältnis zur Heiligenverehrung, zur Sprache gekommen war. Wie bereits erwähnt, unterschied er in diesem Falle vor allem zwischen der philosophischen und der theologischen Auslegung, jedoch konnte ihn das kaum retten, denn im Grunde glaubte er selbst nicht an eine „doppelte Wahrheit" und war sich mit den kirchlichen Autoritäten einig, daß die Philosophie, wenn sie denn als philosophische Gotteslehre konzipiert war, nicht ohne Konflikt mit der Offenbarungstheologie und den sie verwaltenden Institutionen bleiben konnte.

Da auf der Basis der bisherigen Aussagen und Verteidigung die philosophischen Schriften zensiert wurden, ist die Liste der Themen, auf die hin der Angeklagte erneut befragt wurde, ein Indiz für die Absichten der Inquisitoren.

– Man fragt ihn erstens nach der Erschaffung der Dinge; diese seien, so sagt er nun, ewig – insofern sie vom ewigen Gott erschaffen sind, wobei er seine Doktrin von der Gleichheit der kreativen Potenz Gottes und der von ihm geschaffenen Welt wiederholt, denn „wer eine endliche Wirkung annimmt, kann sie unmöglich einer unendlichen Ursache zuschreiben" (P 299 f.).

– Zweitens, er leugnet weiter die Differenz von aktiver und passiver Potenz zwischen Gott und Schöpfung; aus der Leugnung dieser Beziehung („la legge irrefragabile delli relativi") folgten vielmehr häretische Lehren, denn wer sich auf solche „hinkenden Relationsglieder" einläßt und „annimmt, Gott habe endliche Wirkungen erzeugt, kann nur eine begrenzte Ursache und Macht voraussetzen" (P 299 f.).

– Drittens, die menschliche Seele werde vom universalen Prinzip geschaffen und kehre dorthin zurück, indem vom ungeschaffenen Geist der geschaffene und von diesem der einzelne von neuem geschaffen werde (P 300).

– Viertens: Demnach gebe es in gewissem Sinne in dieser Welt nichts neues (siehe oben S. 113f.), auch wenn die menschliche Seele nach der Trennung vom Leibe eine Einzelseele bleibe, während die Seelen der Tiere nicht vergehen, sondern in den einen Geist zurückkehren (P 301 f.).

– Fünftens: Zur Rechtfertigung der Erdbewegung interpretiert er den Bibelspruch: „Die Sonne geht auf und unter" (Koh 1, 5) nicht zugunsten des traditionellen ptolemäischen Systems, sondern als Beleg (und dem biblischen Kontext nach auch durchaus richtig) dafür, daß sich die geschaffene Welt beständig verändert (P 302).

– Sechstens: Die Behauptung, die Sterne seien Engel, rechtfertigt er mit dem bekannten Spruch, daß die Himmel die Ehre Gottes verkünden (Psalm 18, 1), also als Metapher für die Verweisung der gesamten Natur auf ihren Schöpfer (P 303).

– Siebtens: Auch für die Behauptung, die Erde sei ein rational beseeltes Lebewesen, hat er einen Bibelvers griffbereit, nämlich Genesis 1, 24: „Es bringe die Erde lebendige Seele hervor", jedoch unter Unterschlagung des Nachsatzes „nach seiner Gattung" (*Producat terra animam viventem in genere suo*), so daß aus der Erschaffung verschiedener Lebewesen der Hervorgang der Weltseele aus der Materie der Erde wird (P 303).

– Achtens, Bruno soll behauptet haben, die intellektive Seele sei nicht die Form des menschlichen Körpers, wobei er das Bild der Wanderschaft der Seele zwischen den Körpern gebrauchte und den Vergleich, „der innere Mensch lebe im äußeren Menschen wie ein Gefangener im Gefängnis" (P 304).

– Der neunte Punkt wiederholt den Bezug auf Salomon, wonach die endlichen Dinge unter der Sonne nichts als „vanitas" sind (P 304).

– Der zehnte und letzte: die Lehre von der Vielzahl der Welten, für die der Autor des *Sommario* nur allgemein auf „ausschweifende Aussagen“ hinweist (P 304).

Wäre es für den Gefangenen nicht um Leben und Tod gegangen, könnte man bemerken, daß seine Gegner nicht ohne Kompetenz waren und zentrale Anliegen seiner Philosophie erkannt hatten.

Verurteilt wurde Bruno auf der Basis der acht häretischen Lehrsätze, die Bellarmino zusammengestellt hatte, deren Wortlaut wir aber nicht kennen, außer zweien, um deren Klärung er am 24. August 1599 gebeten worden war, nämlich Satz Nr. 1 betreffend der Novatianer-Häresie, und Nr. 7, in dem die Seele mit einem Steuermann in einem Schiff verglichen wird (P 324f.). Die Irrlehre der Novatianer aus dem dritten Jahrhundert bestand darin, daß sie der Kirche die Kompetenz absprachen, Sünder wiederaufzunehmen, was der Ablehnung des Bußsakraments gleichkommt. Bellarmino warf in seinen *Controversiae* (I 4, l. c. 9) den Calvinisten und Lutheranern vor, eben diesen Fehler zu wiederholen. Es ist erstaunlich, daß dieser Vorwurf zum Tragen kam; denn der Denunzierte war zwar in Venedig nach seinem Verhältnis zu diesem Sakrament befragt worden, hatte aber erklärt, gelegentlich zur Beichte gegangen zu sein, und betont, er glaube daran, daß „reulose Sünder verdammt sind und in die Hölle kommen“ (P 176); diese Aussage hat auch der Schreiber des *Sommario* kommentarlos paraphrasiert. Das Bußsakrament stand nicht auf der Überprüfungsliste, nach der die veröffentlichten Werke durchgegangen wurden. Indirekt kann der Verdacht des Novatianismus jedoch mit der anderen Unklarheit zusammenhängen, nämlich der Seelenlehre.

Unter den Rückfragen auf Basis der Zensur seiner Schriften befinden sich auch zwei nach seiner Seelenlehre. Darin hatte Bruno den Vergleich des Körpers als eines Kerkers der Seele verwendet (P 304). Bellarmino führt diesen Vergleich auf die Platoniker und Origines zurück (*Controversiae* III 2, l. 4 c. 11). Sein Fehler liegt darin, daß die Seele nicht als Form des menschlichen Wesens, sondern von ihm unabhängig gedacht würde; Geburt wäre dann eine Strafe für Seelen, die vor der Verbindung mit dem Körper existiert hätten. Die Erbsündenlehre (in diesem Kontext referiert Bellarmino das Problem) und die Erlösung, aber auch die Möglichkeit der Buße stünden auf dem Spiel. Brunos Vergleich der Seele mit einem Steuermann (s. o. S. 54) geht u.U. noch weiter, denn die Origenisten nahmen noch die individuelle Schöpfung der Seelen aus dem Nichts an, Brunos Vergleich dagegen tendiert dazu, die Seele des Einzelnen mit der Weltseele zu verbinden, die somit Manifestation der Göttlichkeit, ewig und überindividuell ist. Es bedurfte für Bellarmino sicherlich der Klärung, ob Bruno im Rahmen einer solchen Lehre die persönliche Verantwortlichkeit des einzelnen Sünders akzeptieren konnte.

Bellarminos Eintritt in das Gremium der Inquisitoren war für den Philosophen möglicherweise insofern fatal, als sich zwei hochrangige Denker zu messen hatten. Brunos Rückfrage nach dem Status der Irrlehren, ob sie neu oder traditionell waren, basierte wohl auf dem Selbstbewußtsein, daß er, der Nolaner, eine ganz neue Philosophie verkündete, die folglich unmöglich von alten Verurteilungen betroffen sein konnte. Insofern konnte er auch die acht Irrlehren getrost widerrufen und zugleich zurückweisen: häretisch ja, aber von ihm nie vertreten. Andererseits hatte Bruno immer wieder angekündigt, er wolle eine alte, in der Finsternis der Zeiten vergessene Weisheit wiederbeleben. In diesem Gedanken aber war er dem Kardinal verwandt, denn die besondere Leistung seines Handbuchs der Kontroversen bestand in der Historisierung gegenwärtiger Häresien des Protestantismus: Was Calvinisten, Lutheraner und andere lehrten, waren Wiederholungen alter, längst verdammter Irrtümer. Der katholische Reformtheologe war insofern konservativ, als er den erreichten Stand der Abgrenzung von theologischen Fehlern retten wollte, indem er plausibel machte, daß die Reformation grundsätzlich nichts Neues zu bieten hatte. Dies auf Brunos Philosophie angewandt konnte heißen: zwar neu, aber eben doch alt und ebenso falsch. Brunos Insistieren auf seine Originalität schlug dann um in die kirchenrechtlich entscheidende Hartnäckigkeit.

X. Nachleben: Vom Häretiker zum Hermetiker

Der Philologe, Polemiker und Publizist Kaspar Scioppius (Schoppe; 1576–1649), der erst 1598 von der lutherischen Konfession zum Katholizismus konvertiert war und in dieser Zeit in Rom lebte, schrieb noch am Tag der Hinrichtung, dem 17. Februar 1600, einen Brief an seinen Lehrer und Freund, Konrad Rittershausen in Altdorf über das dramatische Ereignis, nachdem er offensichtlich sowohl bei der Urteilsverkündung am 8. Februar, als auch bei der Verbrennung selbst Augen- und Ohrenzeuge war. Unverkennbar paraphrasiert er in seinem Brief die förmliche Urteilsverkündung, in der sowohl die wichtigsten Stationen des Lebenswegs als auch die verschiedenen Anschuldigungen gegen den Häretiker enthalten waren. Der eifrige Scioppius faßt Brunos Ketzerei so zusammen: „Was immer jemals von heidnischen Philosophen oder unseren antiken oder modernen Häretikern behauptet worden ist, das hat er selbst propagiert" (P 351). Scioppius berichtet auch Brunos berühmtes Diktum nach der Urteilsverkündung: „Mit größerer Furcht sprecht ihr wohl das Urteil gegen mich aus, als ich es annehme!" (P 351) Und hier findet sich auch die Beobachtung, Bruno habe noch auf dem Scheiterhaufen seinen Blick vom Kruzifix, das ihm vorgehalten wurde, abgewendet. Somit liefert Scioppius die wichtigsten Elemente für die Erzählung vom Märtyrertod des Philosophen, wie man sie u.a. im 20. Jahrhundert in Dramen und Romanen wiederfindet. Seine eigentliche Absicht, die jedoch in der weiteren Rezeption zumeist verlorenging, war es, seinen Freund davon zu überzeugen, dies sei „die Art, wie man gegen solche Menschen, ja Monster, bei uns vorgeht" (P 352), um ihn nämlich zu versichern, daß Lutheraner in Rom bestens aufgenommen würden und nichts zu fürchten hätten, weil sie gerade nicht solche Irrlehren wie Bruno verbreiteten. Der Augenzeuge macht also Bruno zu einem Häretiker innerhalb der katholischen Kirche und nimmt ihn ausdrücklich aus der Reformation heraus. Dies kann auch ein Indiz dafür sein, daß unter den zitierten acht Punkten keine eindeutigen Vorwürfe der

Sympathie mit Lutheranern oder Calvinisten enthalten gewesen sein dürften, obwohl man sich im Laufe des Prozesses immer wieder für die Aktivitäten des Angeklagten in den protestantischen Ländern interessiert hatte.

Der Augenzeugenbericht erwies sich als ausgesprochen vielseitig verwendbar, denn er wurde zum ersten Mal von einem Calvinisten, Peter Alvinczi, 1621 gedruckt. Diesmal, um die Grausamkeit der römischen Inquisition anzuprangern (*Salvestrini* Nr. 296).

Die weitere Rezeption des Nolaners läßt sich an der Verbreitung der originalen Drucke seiner Werke in den verschiedensten Bibliotheken Europas nachvollziehen, die Rita Sturlese aufgearbeitet hat, da einige Drucke sehr selten sind. Hinzukommt, daß – was vor allem Giovanni Aquilecchia untersucht hat (s. dessen Einleitungen zu den italienischen Schriften) – Bruno mehrfach während des Druckens seine Texte verändert hat, so daß von einigen Schriften verschiedene Versionen existieren. Die Liste der zeitweiligen Besitzer von Bruno-Drucken spiegelt die Interessengruppen wieder, von Dissidentenzirkeln über Bibliophile zu Fachphilosophen und schließlich den öffentlichen Bibliotheken. Dahinter stehen sich wandelnde Rezeptionsinteressen.

Saverio Ricci hat Brunos Erbe bis 1750 in die Stränge Lullismus, neue Wissenschaft, Unendlichkeitsspekulation, Spinozismus und Freidenkertum eingeteilt. Der Enzyklopädist Johann Heinrich Alsted veröffentlichte, während der Nolaner noch im römischen Gefängnis saß, bei dem Drucker Lazarus Zetzner in Straßburg 1598 eine große Sammlung der Werke des Raimundus Lullus und der bedeutendsten Kommentare des Lullismus, darunter auch einige Schriften Brunos. Seitdem gehörte dessen Mnemotechnik zum Grundbestand aller Versuche des 17. Jahrhunderts, eine Universalwissenschaft auf einer neuplatonisch interpretierten Kombinatorik aufzubauen, bis hin zu Georg Friedrich Wilhelm Leibniz, der ihn zwar für geistreich aber nicht sonderlich tiefgründig hielt (Ricci 265). Leibniz war es auch, der als einer der ersten Ähnlichkeiten zwischen Brunos Theorie des Unendlichen und der cartesischen Theorie der Wirbel in einem unbestimmt-unendlichen Universum vermutete, da er Gelegenheit hatte, diese Schriften in seiner Eigenschaft als Bibliothekar der Herzog-August-Bibliothek in Wolfenbüttel zu lesen (Ricci 172).

In wissenschaftlichen Kreisen wirkte Bruno jedoch zunächst

einmal als Anti-Aristoteliker, so im Northumberland Circle um Henry Percy, Earl of Northumberland, dem Anfang des 17. Jahrhunderts einige direkte oder indirekte Zeugen von Brunos Auftritt in London angehörten. Vor allem die Theorie des Magneten von William Gilbert war offensichtlich von Brunos italienischen Dialogen zur Kosmologie und Metaphysik beeinflußt. Denn in allen Teilen Europas war man fieberhaft auf der Suche nach Alternativen zum scholastischen, metaphysisch belasteten Naturbegriff, weshalb die gleichen Quellen, die auch Bruno inspiriert hatten, wie der Atomismus, der Stoizismus und die verschiedensten Formen von Platonismus und Geheimwissenschaften, aufgenommen und amalgamiert wurden. Berühmte Philosophen wie Thomas Hobbes, René Descartes und John Locke, schließlich Isaac Newton, gingen aus diesen widersprüchlichen Strömungen erfolgreich hervor.

In Verbindung mit dem grausigen Schicksal des Philosophen und den Berichten über sein provokantes Auftreten in ganz Europa kam Bruno im Laufe der Zeit die Rolle des Dissidenten par excellence zu. Pierre Bayle widmete Bruno in seinem *Dictionnaire historique et critique* (1. Aufl. 1697) einen Artikel, nannte ihn einen „fahrenden Ritter seiner Philosophie" und verglich ihn zum ersten Mal mit Spinoza. Denn obwohl Benedict (Baruch) Spinoza (1632–1677) Brunos Schriften wahrscheinlich nicht gekannt hat, zog er doch aus dem Animismus der Renaissancephilosophie und dem Dualismus von Materie und Geist im Cartesianismus die mit der nolanischen Einheits-Physik ähnliche Konsequenz einer monistischen Metaphysik, in der alle endlichen Dinge nichts als Attribute des unendlichen Gottes sind. Nach Bayle bestand der Unterschied zwischen Bruno und Spinoza nur darin, daß der erstere rhetorisch (das schließt die Gedächtniskunst ein), der zweite geometrisch, also streng deduktiv argumentierte. Es war allerdings zu sehen, daß auch Bruno mit der geometrischen Methode experimentierte.

Wegen der damit bei beiden Autoren innerlich verbundenen Kritik der Offenbarungsreligion interessierte sich der englische Philosoph John Toland (1670–1722), der wegen seiner Versuche, die christliche Theologie rationalistisch zu erklären, als Freidenker gilt, besonders für Brunos *Spaccio*, der nicht zuletzt seit Schoppes Bericht über das Inquisitionsurteil eindeutig als Polemik gegen den römischen Papst verstanden wurde. Die sich daraus entwikkelnde Diskussion um die juristischen und religiösen Ursachen der Hinrichtung des Ketzers wird in der Philosophiegeschichte Johann Jacob Bruckers ausführlich dargestellt (*Historia critica philosophiae*, 1744, IV 2 S 12ff.). In dieser noch lange Zeit maßgeblichen Philosophiegeschichte taucht Bruno als erste Figur nach der Renaissance und als Vertreter eines neuen Eklektizismus auf.

Inzwischen war das Schlagwort Spinozismus zur Waffe gegen jede Art religiös unzuverlässiger Denker geworden, obwohl manch einer die Werke nur aus zweiter Hand kannte. Deshalb veröffentlichte Friedrich Heinrich Jacobi 1789 in einer Schrift *Über die Lehre des Spinoza, in Briefen an den Herrn Mendelssohn* Auszüge aus Brunos *De la causa* in deutscher Übersetzung. Jacobis Absicht war es, mit Hilfe Brunos zu beweisen, daß Gotthold Ephraim Lessing ein Spinozist und damit ein Pantheist sei und zwar als Folge der mit der christlichen Religion nicht zu vereinbarenden Versuche, die Einheit von Gott, Welt und Menschen rational zu beweisen.

Nun wurde Bruno zum Prüfstein einer kulturphilosophischen Diskussion innerhalb der deutschen protestantischen Aufklärung, an der nicht zuletzt Herder und Goethe beteiligt waren. Hinzu kam noch, daß auch Bruno sich in weiten Teilen auf ägyptische Weisheit berief, von der auch Lessing beeindruckt war, der deshalb die angeblich von Hermes Trismegistos stammende Formel „Hen kai Pan" (Eins also Alles) als Motto wählte, welches wiederum mit der sowohl von Bruno, als auch von Spinoza verwendeten Formel „Deus sive Natura" (Gott also Natur – *kai* und *sive* bezeichnen hier die Austauschbarkeit; J. Assmann, *Moses der Ägypter*, 1998, 295ff.) inhaltlich übereinstimmte. Es waren deshalb gerade die Passagen in *De la causa*, in denen Bruno Materie und Form beinahe identifiziert, die Jacobi übersetzte, der seinen Text mit den Worten enden ließ: „Zum Preise des unendlichen Wesens, welches Ursache, Princip – eins und alles ist." Auf den Spuren Jacobis (und mit Exemplaren aus dessen Besitz) widmeten Thaddä Anselm Rixner und Thaddä Siber dem Nolaner Heft 5 ihrer *Leben und Lehrmeinungen berühmter Physiker* (1824) mit weiteren Übersetzungen in Auszügen.

Mit Friedrich Wilhelm Josef Schelling kehrte Bruno in eine der Hauptströmungen der Philosophie, und zwar den Deutschen

Idealismus, zurück. Denn Schelling veröffentlichte 1802 als Beitrag zu seiner Identitätsphilosophie einen Dialog *Bruno oder über das göttliche und natürliche Princip der Dinge*, um den Pantheismus als eine vorübergehende Phase der Entwicklung des Denkens des Einen darzustellen, die durch das Denken der Identität überwunden wird. Deshalb läßt Schelling Bruno als Dialogsprecher aus Jacobis Auszug zitieren: „Um in die tiefsten Geheimnisse der Natur einzudringen, muß man nicht müde werden, den entgegengesetzten und widerstreitenden äußersten Enden der Dinge nachzuforschen; den Punkt der Vereinigung zu finden, ist nicht das größte, sondern aus demselben auch sein entgegengesetztes zu entwickeln, dieses ist das eigentliche und tiefste Geheimnis der Kunst." Dies kommentiert der Autor als „das Symbolum der wahren Philosophie" (Werke I 4, 1859, 328). Vom Häretiker, Lullisten, Dissidenten und Pantheisten verschiebt sich das Bruno-Bild nun zum Dialektiker des Ineinsfalls der Gegensätze. Schon Johann Georg Hamann nannte in einem Brief an Herder vom 18. November 1782 Brunos Prinzip der Koinzidenz der Gegensätze „mehr wert als alle Kant'sche Kritik". Er besaß dessen *De minimo* und suchte lange nach einem Exemplar von *De la causa* (J. Nadler, Hamann, 1949, 408f.). Georg Wilhelm Friedrich Hegel erkennt zwar auch noch spinozistisches Gedankengut in Brunos Schriften, nennt aber den Hauptcharakter des Werkes „eine schöne Begeisterung eines Selbstbewußtseins", das die Veräußerlichung des Gottesbegriffs der traditionellen Philosophie überwinden wollte („Die Güte Gottes war nur äußerlich in Endursachen, endlichen Zwecken: ... der Korkbaum wächst, um Stöpsel auf den Bouteillen zu haben."). Als erster würdigt er Brunos Gedächtniskunst als „System von Gedankenbestimmungen", wobei er ausführlich *De umbris* zitiert, das er als einen „Versuch würdigt, das logische System des inneren Künstlers, des produzierenden Gedankens so darzustellen, daß ihm die Gestaltungen der äußeren Natur entsprechen" (*Vorlesungen über die Geschichte der Philosophie* II 3 B 3).

Es war der neuscholastische katholische Philosophiedozent in Bonn und Münster, Franz Jakob Clemens, der als erster der Quelle von Brunos Koinzidenzlehre nachging und in einem Buch 1847 *Giordano Bruno und Nicolaus von Cusa* systematisch verglich. Als Kenner und Kritiker des Hegelianismus ordnete er den

Nolaner in die bei Descartes beginnende Subjektivitätsphilosophie ein, die er moralisch mit Hochmut und theologisch mit Agnostizismus identifizierte. Der Cusaner war für ihn dagegen Repräsentant der alten scholastischen Gotteslehre und zugleich ihr Höhepunkt. Kaum verhüllt schlägt er auf den „Sack" Bruno ein, um den „Esel" des deutschen Idealismus und seiner Auswirkungen in der modernistischen Theologie zu treffen.

Gleichzeitig machte der hegelianische Bruno weiter Karriere, so durch einen der letzten Schüler Hegels, Moriz Carriere, der in seinem Buch *Die philosophische Weltanschauung der Reformationszeit in ihren Beziehungen zur Gegenwart* (1847) nicht als erster, aber nachhaltig Giordano Bruno und den dunklen und unsystematischen Mystiker Jakob Böhme (1575–1624) gleichsetzte. Ebenfalls 1847 erschien die erste moderne wissenschaftliche Biographie Giordano Brunos durch den Straßburger Gelehrten Christian Bartholmèss (*Jordano Bruno*, Paris 1846–47), in der vor allem die Pariser Stationen aufgehellt wurden.

Nachdem 1830 und 1836 die italienischen und lateinischen Schriften Brunos zum ersten Mal wissenschaftlich gesammelt und herausgegeben wurden, und zwar durch die deutschen Gelehrten Adolf Wagner und August Friedrich Gfrörer, wurde es auch in der italienischen Kultur Zeit, sich auf den italienischen Denker zu besinnen, und dies geschah vor allem in Neapel um die Mitte des 19. Jahrhunderts durch die von Hegel beeinflußten Philosophen wie Bertrando Spaventa, sodann Benedetto Croce und später Giovanni Gentile, die jeder auf seine Weise daran arbeiteten, den Hegelianismus zur italienischen Nationalphilosophie zu erheben und unter anderem Giordano Bruno als italienischen Vorläufer des deutschen Hegel herauszustellen und zugleich bestimmte nationale Charaktere des Denkens zu konturieren. Dieses Denken beeinflußte die italienische Renaissanceforschung bis zu den bahnbrechenden Arbeiten Eugenio Garins seit den 40er Jahren des 20. Jahrhunderts (u.a. *Storia della filosofia italiana*, 1947). Zur Gruppe der Neapolitaner Gelehrten gehörte auch Francesco Fiorentino, der, als der Literaturhistoriker Francesco De Sanctis Kultusminister war, den ersten Band einer staatlich geförderten lateinischen Werkausgabe in Neapel 1879 vorstellte. Diese Werkausgabe, mit all ihren konzeptionellen und philologischen Schwächen, ist bisher nur in wenigen Stücken ersetzt worden.

Zumeist fristete der Denker sein Dasein zwischen diffusem Okkultismus und Antiklerikalismus oder als Geheimtip unter wenigen Kennern. Er galt als Märtyrer der Geistesfreiheit, auch wenn der Kenner seines Prozesses Luigi Firpo feststellte, daß er zwar Opfer der Intoleranz war, „die man aber nur im historischen Rahmen verstehen kann" (P 114). Es wurde nicht mehr bedacht, daß der Fall Bruno die Diskussion um Toleranz und Gedankenfreiheit seit der Aufklärung genährt hat, weil er sie für sich selbst beanspruchte, jedoch ohne daß er als Polemiker gegen andere selbst ein Beispiel dafür gegeben hätte. Begleitet von publizistischer Polemik und auf dem Höhepunkt einer wahren „Brunomanie" wurde ihm 1889 auf dem Campo de' Fiori, wo längst keine Ketzer mehr verbrannt wurden, von antiklerikalen Gruppen ein Denkmal errichtet, die sich auf einer Plakette als „Das Jahrhundert, das er vorhergesehen hat" bezeichneten.

In demselben Geiste veröffentlichte 1904–1909 der mit verschiedenen esoterischen oder mystischen Strömungen sympathisierende Diederichs-Verlag eine sechsbändige deutsche Ausgabe, *Gesammelte Werke* in der Übersetzung von Ludwig Kuhlenbeck. Beide standen dem Monistenbund nahe, einer Vereinigung von Freidenkern, gegründet durch Ernst Haeckel, die aus einem 1900 gegründeten Giordano-Bruno-Bund hervorging. Diese Ausgabe, die außer Inquisitionsakten nur die italienischen Dialoge enthält, ist für einige Texte noch immer die einzige deutsche Übersetzung.

Ernst Cassirer, unter dem Eindruck des kulturphilosophischen Programms Aby Warburgs, sah in Bruno den Zeugen eines neuen „Weltgefühls", als er selbst mit seinem Buch über *Individuum und Kosmos in der Philosophie der Renaissance* (1927) vom Neukantianismus zu seiner eigenen Philosophie des Symbolischen überging: Bruno wende sich von der mittelalterlichen kosmologischen Dogmatik ab, ohne jedoch das Unendliche im Sinne der exakten Wissenschaftlichkeit zu begreifen; seine Schlüsselfunktion liege darin, daß sein „neues dynamisches Weltgefühl" die „Wissenschaft der Dynamik" vorbereite.

Auch Hans Blumenberg interpretierte Brunos Philosophie als Beginn der Neuzeit, indem der den Vergleich von „Cusaner und Nolaner" wiederaufnahm, welche für ihn die „Epochenschwelle" markieren. Was Hegel als Selbstbewußtsein und Cassirer als Weltgefühl verstanden, wurde für ihn vermittels der Aufhebung der

Differenz zwischen der göttlichen Allmacht und der potentiell unendlichen Erkenntnisfähigkeit zum geschichtsphilosophischen Indiz der „Selbstbehauptung" des modernen Menschen (*Die Legitimität der Neuzeit* 1966, 1976).

In Deutschland war seit der Übersetzung von *De la causa* durch Adolf Lasson von 1872 und der Kuhlenbeckschen Ausgabe keine neue Bruno-Edition erschienen, bis 1947 der in Deutschland wirkende Schüler Gentiles, Ernesto Grassi, eine Anthologie unter dem Titel *Heroische Leidenschaften und individuelles Leben* veröffentlichte, um eine existenzphilosophisch ausgelegte humanistische Philosophie gegen die dominierenden Strömungen des cartesischen Rationalismus, aber auch gegen die Heideggersche Existenzphilosophie vorzuschlagen. Dabei diente ihm der Heros Brunos als Modell einer Anthropologie, in der Dichter und Philosophen das humane geistige Potential realisieren und die geistesgeschichtliche Tradition aufrechterhalten.

Eine entscheidende Wende in der Bruno-Forschung trat ein, als die englische Privatgelehrte Frances A. Yates, die mit dem Warburg-Institut in London verbunden war, nach einigen Vorarbeiten 1964 ihr Buch *Giordano Bruno and the Hermetic Tradition* veröffentlichte. Ohne Respekt vor wissenschaftlichen Disziplinen und terminologischen Grenzen rekonstruierte sie die Quellen und die Kreise, in denen Bruno sich bewegte und kam zu dem Schluß, daß der Hermetismus und die Magie die wesentlichsten Elemente seines Denkens gewesen seien. Hierfür rekonstruierte sie die Rezeption der Hermes Trismegistos zugeschriebenen Schriften, vor allem in der Renaissance, sowie die Techniken und Literatur der Gedächtniskunst (*The Art of Memory*, 1966). Sie faßte ihre Interpretation einmal wie folgt zusammen: „Bruno vermittelt eine unglaubliche Vision eines unendlichen Universums, in dem die Erde und alle Himmelskörper sich durch das göttliche Leben bewegen, das in ihnen ist. Diese Vorstellung einer universalen Beseelung fand Bruno in den hermetischen Schriften, die er Hermes Trismegistos zuschrieb. Indem er sie ausweitete, so daß sie ein unendliches Universum und unzählige Welten abdeckte, gelangte Bruno zu einer Weltsicht, in der das mechanische Weltbild auf merkwürdige Weise – in magischen und animistischen Begriffen – seine Schatten vorauswirft. Das *Aschermittwochsmahl* ist der Text, in dem Bruno sein hermetisches Universum am ausführlichsten darstellt, eine Idee, die in seinem Denken unlöslich mit der religiösen Reform verbunden ist" (*Collected Essays* II, 1983, 148f.). Damit machte sie alle Spielarten von Renaissance-Okkultismus hoffähig.

Gegen diese Interpretation ist viel polemisiert worden, aber noch mehr wurden die Hinweise aufgenommen und weiterverfolgt, so daß sich derzeit sowohl der Magier, als auch der Ketzer, der Kopernikaner und der Mnemotechniker, der Vorläufer der Subjektivitätsphilosophie wie der Erbe der mittelalterlichen Scholastik in seiner Figur vereinbar darstellen lassen. Die Yates'sche Interpretation ist ein Theoriensynkretismus. Sie ist daher Bruno insofern kongenial und für die Philosophiegeschichte – trotz vorsätzlicher Unschärfe bei Begriffen und bei der Unterscheidung philosophischer Probleme und Strömungen – brauchbar, als sie den alles umschlingenden Gestus, mit dem Bruno seine Quellen für seine eigene Philosophie einsetzt, maßstäblich nachbildet. Die genaue Interpretation, wie Bruno mit seinen zeitgenössisch zur Verfügung stehenden philosophischen Ansätzen umgeht, eröffnet nämlich einen Zugang zum Denken der Renaissance, der nicht philosophische Probleme in sie hineinträgt und dann dort unzureichend gelöst findet, sondern die philosophischen Probleme entdeckt, auf die Philosophen wie Giordano Bruno zu antworten versuchten.

Anhang

1. Zeittafel

1548	ca. Januar/Februar: geboren in Nola, östlich von Neapel; Taufname Filippo; der Vater Giovanni Bruno in Militärdiensten, die Mutter Fraulissa Savolino.
1562	Beginn des Studiums der humanistischen Fächer in öffentlichen und privaten Vorlesungen in Neapel.
1565	15. Juni: Eintritt in den Dominikanerorden, San Domenico Maggiore, Neapel. Nimmt den Vornamen Giordano an.
1566–70	Philosophiestudium im Dominikaner-Studium.
1566/1567	Kritik an Marienkult und Heiligenbildern führt zu einem ersten Konflikt mit dem Orden.
1570–75	Theologiestudium.
1573	Priesterweihe, erste Messe in Campagna bei Salerno.
1575	Studienabschluß mit einer Verteidigung der *Summa contra gentiles* des Thomas von Aquin und der *Sentenzen* des Petrus Lombardus.
1576	Februar: Häresieverdacht in Fragen der Inkarnation und des Arianismus und wegen der Lektüre von Kirchenvätern in der Ausgabe des Erasmus von Rotterdam. Reise nach Rom. Austritt aus dem Orden, Flucht nach Genua und Noli/Ligurien, Privatvorlesungen über Astronomie.
1577	Noli, Savona, Turin, Venedig (Publikation einer – verlorenen – Schrift *De segni de tempi*), Padua, Brescia, Bergamo; oft bei Dominikanern.
1578	Mailand, auf dem Weg nach Lyon, Winter in Chambéry/Savoyen.
1579	Genf: Arbeit in einer Druckerei; Übertritt zum Calvinismus; Immatrikulation an der Universität am 20. Mai. Wegen einer (verlorenen) philosophischen Streitschrift Prozeß des Consistoriums; Weiterreise nach Lyon, Ankunft im Herbst in Toulouse. Private Vorlesungen über Astronomie; Promotion zum *magister artium*; außerordentliche Professur für Philosophie; Vorlesungen u.a. über Aristoteles, *De anima*.
1581	Wegen der Hugenottenkriege im Herbst nach Paris. Privatvorlesungen über die *Attribute Gottes* erregen die Aufmerksamkeit König Heinrichs III. an seiner Mnemotechnik.
1582	*De umbris idearum* mit *Ars memoriae*; *Cantus Circaeus*; *De compendiosa architectura & complemento artis Lullij*; *Candelaio* (Komödie).
1583	April: Ankunft in London mit Empfehlung des Königs an den französischen Botschafter Michel de Castelnau. Disputationen

in Oxford. Rückkehr zu Castelnau nach London, Freundschaft mit Intellektuellen im Umkreis des Hofes. *Recens et completa ars reminiscendi*, *Explicatio triginta sigillorum* und *Sigillus sigillorum*.

1584 *La cena de le Ceneri*, *De la causa, principio et Uno*; *De l'infinito, universo et mondi*, *Spaccio de la bestia trionfante*.

1585 *Cabala del cavallo pegaseo con l'aggiunta dell'Asino Cillenico*, *De gl'heroici furori*. Rückkehr nach Paris zusammen mit Castelnau. Versuch, in die katholische Kirche zurückzukehren.

1586 *Figuratio Aristotelici Physici auditus*; *Dialoghi duo de Fabricii Mordentis Salernitani prope divina adinventione ad perfectam cosmimetriae praxim*, *Idiota triumphans seu de Mordentio inter geometras Deo dialogus*, *Dialogus de somnii interpretatione seu Geometrica silva*; Polemik mit Fabrizio Mordente. *Centum et viginti articuli de natura et mundo adversus peripateticos* zur öffentlichen Disputation am Collège de Cambrai. Flucht nach Deutschland: Mainz, Wiesbaden, Marburg, im Juli Ablehnung einer Lehrerlaubnis. August: Immatrikulation in Wittenberg, Privatdozent, Vorlesungen u. a. zur Logik des Aristoteles.

1587 *De lampade combinatoria lulliana*, *De progressu et lampade venatoria logicorum*, *Artificium perorandi* (veröffentlicht 1612). Entstehung von *Animadversiones circa lampadem Lullianam* und *Lampas triginta statuarum*; *Libri physicorum Aristotelis explanati* (veröffentlicht 1890/91).

1588 *Camoeracensis Acrotismus*, Neudruck der 1586 am Collège de Cambrai, Paris, vertretenen Thesen. Aufgrund verstärkten Einflusses von Calvinisten Abschied von Wittenberg (*Oratio valedictoria*); im Fühjahr in Prag. *De specierum scrutinio et lampade combinatoria*; *Articuli adversus huius tempestatis mathematicos atque philosophos*. November: Tübingen, danach: Helmstedt.

1589 *Oratio consolatoria* zum Tode von Herzog Julius von Braunschweig. *De magia*, *Theses de magia*, *De magia mathematica*, *De rerum principiis et elementis et causis*, *Medicina lulliana*, *De vinculis in genere*, Schriften und Exzerpte (publiziert 1891). Protest gegen Exkommunikation durch den örtlichen Pfarrer.

1590 Im April Abreise von Helmstedt nach Frankfurt am Main, Ablehnung der Aufenthaltserlaubnis.

1591 Frankfurter Trilogie *De triplici minimo et mensura* (zur Frühjahrsmesse), *De monade numero et figura* und *De innumerabilibus, immenso et infigurabili* (zur Herbstmesse), gedruckt bei Johann Wechel und Petrus Fischer, gewidmet Heinrich Julius von Braunschweig. In Zürich Privatvorlesungen mit dem Titel Lampas de Entis descensu, publiziert 1595 und erweitert 1609 in Auszügen unter dem Titel *Summa terminorum metaphysicorum* durch Raphael Egli. Wieder in Frankfurt: *De imaginum, signorum et idearum compositione*. – August: Ankunft in Venedig auf Einladung Giovanni Mocenigos. – September: Bemühung um den vakanten Lehrstuhl für Mathematik an der Universität Padua:

	Praelectiones geometricae und *Ars deformationum* (veröff. 1964). Rückkehr zu Mocenigo nach Venedig.
1592	Am 23. Mai Denunziation durch Giovanni Mocenigo bei der Inquisition.
1593	Übergabe im Februar das Heilige Offizium in Rom.
1600	8. Februar: B. wird an als Häretiker verurteilt; am 17. Februar auf dem Campo de' Fiori auf dem Scheiterhaufen verbrannt.

2. Auswahlbibliographie

A. Schriften

a) Werkausgaben

Dialoghi italiani: dialoghi metafisici e dialoghi morali, hrsg. v. G. Gentile, 3. Aufl. hrsg. v. G. Aquilecchia, Florenz 1958 (Repr.: 1985) (Sigel: DI).

Opera latine conscripta, hrsg. v. F. Fiorentino, F. Tocco, G. Vitelli, V. Imbriani, C. M. Tallarigo, Neapel-Florenz 1879–1891, 3 Bde. in 8 Teilbdn. (Repr.: Stuttgart-Bad Cannstatt 1961–1962) (Sigel: OL).

Oeuvres complètes (franz.-ital./lat.), hrsg. v. G. Aquilecchia, Paris 1993 ff. (s. Candelaio).

Le opere latine, Edizione storico-critica, Florenz 1991 ff. (s. De umbris).

b) Einzelausgaben in Originalsprache

Due dialoghi sconosciuti e due dialoghi noti: Idiota triumphans, De somnii interpretatione, Mordentius, De Mordentii circino, hrsg. v. G. Aquilecchia, Rom 1957.

Praelectiones geometricae e Ars deformationum, hrsg. v. G. Aquilecchia, Rom 1964.

Summa terminorum metaphysicorum, Reprint hrsg. v. E. Canone, Rom 1989.

De umbris idearum, hrsg. v. R. Sturlese, (Le opere latine 1) Florenz 1991 (Sigel: U).

Candelaio (franz.-ital.), (Oeuvres complètes 1) Paris 1993.

Spaccio de la bestia trionfante, Reprint hrsg. v. R. Sturlese [nach dem Exemplar mit Anmerkungen von John Toland], Neapel 1994.

De vinculis in genere, hrsg. v. E. Scapparone und N. Tirinnanzi. In: Rinascimento 37 (1997), S. 155–231.

c) Einzelausgaben in Übersetzungen

Opere latine [Frankfurter Trilogie, italienisch], übers. v. C. Monti, Turin 1980.

Das Aschermittwochsmahl, übers. v. F. Fellmann, Einl. v. H. Blumenberg, Frankfurt a. M. 1981.

Von der Ursache, dem Prinzip und dem Einen, übers. v. A. Lasson, hrsg. v. P. R. Blum, Einl. v. W. Beierwaltes, Hamburg 7. Aufl. 1993.

Über die Ursache, das Prinzip und das Eine, übers. v. P. Rippel, Nachw. v. A. Schmidt, Stuttgart 1986.

Über das Unendliche, das Universum und die Welten, übers. u. hrsg. v. Chr. Schultz, Stuttgart 1994.

Von den heroischen Leidenschaften, übers. u. hrsg. v. Chr. Bachmeister, Einl. v. F. Fellmann, Hamburg 1989.
Candelaio, übers. v. J. Gerber, Basel 1995.
Über die Monas, die Zahl und die Figur, Einl. u. hrsg. v. E. von Samsonow, Kommentar v. M. Mulsow, Hamburg 1991.

B. Dokumente

Canone, E. (Hrsg.): Giordano Bruno. Gli anni napoletani e la ‚peregrinatio' europea, Cassino 1992 [Beiträge u.a. v. E. Canone, M. Miele, M. Mulsow, A. Perfetti] (Sigel: Peregrinatio).
Firpo, L.: Il processo di Giordano Bruno, hrsg. v. D. Quaglioni, Rom 1993 (Sigel: P).
Mercati, A.: Il sommario del processo di Giordano Bruno, Vatikan 1947.
Spampanato, V.: Vita di Giordano Bruno con documenti editi e inediti, Messina 1921 (Reprint: Rom 1988) (Sigel: Vita).

C. Bibliographien, Hilfsmittel, Zeitschrift

Ciliberto, M.: Lessico di Giordano Bruno, Rom 1979.
Lefons, C.: Indice dei nomi, dei luoghi e delle cose notevoli nelle opere di Giordano Bruno, Florenz 1998.
Salvestrini, V.: Bibliografia di Giordano Bruno (1582–1950), 2. Aufl. hrsg. v. L. Firpo, Florenz 1958.
Sturlese, R.: Bibliografia, censimento e storia delle antiche stampe di Giordano Bruno, Florenz 1987.
Bruniana et Campanelliana. Ricerche filosofiche e materiali storico-testuali, Zeitschrift, seit 1995 (seit 1998 auch eine Reihe von ‚Supplementi').

D. Sekundärliteratur

Aquilecchia, G.: Schede Bruniane, Manziana 1993.
Badaloni, N.: L'impulso del negativo: la ‚vanitas' in Giordano Bruno. In: M. Ciliberto, C. Vasoli (Hrsg.): Filosofia e cultura, Rom 1991, S. 309–326.
Bassi, S.: Editoria e filosofia nella seconda metà del '500: Giordano Bruno e i tipografi londinesi. In: Rinascimento 37 (1997), S. 437–458.
Blum, P. R.: Aristoteles bei Giordano Bruno, München 1980.
Ders.: Giordano Bruno am englischen Hof, in: Europäische Hofkultur im 16. und 17. Jahrhundert III. Hamburg 1981, S. 685–692.
Ders.: D'ogni legge nemico e d'ogni fede, Giordano Brunos Verhältnis zu den Konfessionen, in: Renaissance-Reformation, hrsg. v. A. Buck, Wiesbaden 1984, S. 65–75.
Ders.: Giordano Bruno, Matthias Aquarius und die eklektische Scholastik, in: Archiv für Geschichte der Philosophie 72 (1990), S. 275–300.
Ders.: Theoriensynkretismus: Bemerkungen zum Hermetismus bei Giordano Bruno, in: Wolfenbütteler Renaissance Mitteilungen 21 (1997), S. 101–110.
Blumenberg, H.: Aspekte der Epochenschwelle: Cusaner und Nolaner, Frankfurt 2. Aufl. 1982.

Bönker-Vallon, A.: Metaphysik und Mathematik bei Giordano Bruno, Berlin 1995.
Bossy, J.: Agent der Königin: Giordano Bruno und die Londoner Botschaftsaffäre 1583–1586, Stuttgart 1995.
Buono Hodgart, A.: Giordano Bruno's ‚The Candle-Bearer', an Enigmatic Renaissance Play, Lewiston, New York usw. 1997.
Canone, E. (Hrsg.): Brunus redivivus. Momenti della fortuna di Giordano Bruno nel XIX secolo, Pisa/Rom 1998.
Ders. (Hrsg.): Letture Bruniane del Lessico Intellettuale Europeo (1996–1997), Pisa-Rom 1999.
Ders. (Hrsg.): La filosofia di Giordano Bruno: problemi ermeneutici e storiografici. Atti del convegno internazionale, Roma 23–24 ottobre 1998, Pisa-Rom (im Druck).
Ders. Giordano Bruno: Von den Schatten der Ideen zum unendlichen Universum: In: Philosophen der Renaissance, hrsg. v. P. R. Blum, Darmstadt 1999, S. 188–205.
Ciliberto, M.: Introduzione a Bruno, Rom/Bari 1996.
Ciliberto, M. u. Mann N. (Hrsg.): Giordano Bruno 1583–1585. The English Experience / L'esperienza inglese, Florenz 1997.
Couliano, I. P.: Eros and Magic in the Renaissance, Chicago 1987.
Eusterschulte, A.: Analogia entis seu mentis. Analogie als erkenntnistheoretisches Prinzip in der Philosophie Giordano Brunos, Würzburg 1997.
Gatti, H.: Giordano Bruno and Renaissance Science, Ithaca/London 1999.
Fattori, M. (Hrsg.): Fonti e motivi dell'opera di Giordano Bruno. Sonderheft Nouvelles de la Republique des lettres, 1994/2.
Granada, M. A.: Giordano Bruno y América: De la crítica de la colonización a la crítica del cristianismo, Barcelona 1990.
Ders.: De Erasmo a Bruno: Caza, sacrificio y metamorfosis en la divinidad. In: La balsa de Medusa 23 (1992), S. 95–114.
Ders.: Giordano Bruno e l'interpretazione della tradizione filosofica: L'aristotelismo e il cristianesimo di fronte all' „antiqua vera filosofia". In: G. Canziani, Y. C. Zarka (Hrsg.): L'interpretazione nei secoli XVI e XVII, Mailand 1993, S. 59–82.
Ders.: Giordano Bruno e la dignitas hominis. In: Nouvelles de la République des Lettres 1993, S. 35–89.
Ders.: Il rifiuto della distinzione fra ‚potentia absoluta' e ‚potentia ordinata' di Dio e l'affermazione dell'universo infinito in Giordano Bruno. In: Rivista di storia della filosofia 49 (1994), S. 495–532.
Ders.: Giordano Bruno y la stoa: una presencia no recognida de motivos estoicos? In: Nouvelles de la République des Lettres 1994/1, S. 123–151.
Ders.: Thomas Digges, Giordano Bruno e il copernicanesimo in Inghilterra. In: Ciliberto/Mann 1997, 125–155.
Heipcke K., Neuser W. u. *Wicke E.* (Hrsg.), Die Frankfurter Schriften Giordano Brunos und ihre Voraussetzungen, Weinheim 1991.
Hirdt, W. (Hrsg.): Giordano Bruno. Tragik eines Unzeitgemäßen, Tübingen 1993.
De Léon-Jones, K. S.: Giordano Bruno and the Kabbalah. Prophets, Magicians, and Rabbis, New Haven/London 1997.

Levergeois, B.: Giordano Bruno, Paris 1995.
McMullin, E.: Giordano Bruno at Oxford. In. Isis 77 (1986) 85–94.
Ders.: Bruno and Copernicus. In: Isis 78 (1987) S. 55–74.
Ordine, N.: Giordano Bruno und die Philosophie des Esels, München 1999.
Quarta, D.: De umbris idearum, Candelaio, Cena de la Ceneri: Considerazioni e osservazioni sulle strutture comunicative dei primi dialoghi bruniani. In: D. Bigalli u. a.: Il dialogo filosofico nel '500 europeo, Milano 1990, S. 35–57.
Reichert, K. (Hrsg.): Zeitsprünge. Forschungen zur Frühen Neuzeit, [Sonderheft G. B.] 3, Heft 1/2 (1999).
Ricci, S.: La fortuna del pensiero di Giordano Bruno 1600–1750, Florenz 1990.
Sacerdoti, G.: Caccia al cervo e ‚potestas ecclesiastica' in „Pene d'amore perdute". In: Intersezioni 17 (1997) 229–249.
Sturlese, M. R. P.: Su Bruno e Tycho Brahe. In: Rinascimento 25 (1985), S. 309–333.
Sturlese, R.: ‚Averroe quantumque arabo et ignorante di lingua greca ...': Note sull'averroismo di Giordano Bruno. In: Giornale critico della filosofia italiana 71 (1992), S. 248–275.
Dies.: Le fonti del ‚Sigillus sigillorum' del Bruno, ossia: Il confronto con Ficino a Oxford sull'anima umana. In: Fattori 1994, S. 89–166.
Wildgen, W.: Das kosmische Gedächtnis. Kosmologie, Semiotik und Gedächtnistheorie im Werke Giordano Brunos, Frankfurt a. M. 1998.
Yates, F. A.: Giordano Bruno and the Hermetic Tradition, Chicago/London 1964.
Dies.: Lull and Bruno (Collected essays 1), London 1982.
Dies.: Ideas and Ideals in the North European Renaissance (Collected essays 3), London 1984.
Dies.: Giordano Bruno in der englischen Renaissance, übers. v. P. Krumme, Berlin 1989.
Dies.: Gedächtnis und Erinnern: Mnemonik von Aristoteles bis Shakespeare, Weinheim 1990.

3. Personenregister

4. Sachregister

Buchanzeigen

Beck'sche Reihe „Denker"
Herausgegeben von Otfried Höffe

Theodor W. Adorno, von Rolf Wiggershaus (bsr 510)
Antike Skeptiker, von Friedo Ricken (bsr 526)
Hannah Arendt, von Hauke Brunkhorst (bsr 548)
Aristoteles, von Otfried Höffe (bsr 535)
Augustinus, von Christoph Horn (bsr 531)
Avicenna, von Gotthard Strohmaier (bsr 546)
Francis Bacon, von Wolfgang Krohn (bsr 509)
George Berkeley, von Arend Kulenkampff (bsr 511)
Giordano Bruno, von Paul Richard Blum (bsr 551)
Ernst Cassirer, von Andreas Graeser (bsr 527)
Jacques Derrida, von Uwe Dreisholtkamp (bsr 550)
René Descartes, von Dominik Perler (bsr 542)
Epikur, von Malte Hossenfelder (bsr 520)
Johann Gottlieb Fichte, von Peter Rohs (bsr 521)
Michel Foucault, von Urs Marti (bsr 513)
Gottlob Frege, von Verena Mayer (bsr 534)
Hans-Georg Gadamer, von Kai Hammermeister (bsr 552)
Galileo Galilei, von Klaus Fischer (bsr 504)
Max Horkheimer, von Zvi Rosen (bsr 528)
Wilhelm von Humboldt, von Tilman Borsche (bsr 519)
David Hume, von Jens Kulenkampff (bsr 517)
Karl Jaspers, von Kurt Salamun (bsr 508)
Immanuel Kant, von Otfried Höffe (bsr 506)
Konfuzius, von Heiner Roetz (bsr 529)

Verlag C. H. Beck

Beck'sche Reihe „Denker"
Herausgegeben von Otfried Höffe

John Locke, von Rainer Specht (bsr 518)
Niklas Luhmann, von Detlef Horster (bsr 538)
Niccolò Machiavelli, von Wolfgang Kersting (bsr 515)
Karl Marx, von Walter Euchner (bsr 505)
Isaac Newton, von Ivo Schneider (bsr 514)
Friedrich Nietzsche, von Volker Gerhardt (bsr 522)
Wilhelm von Ockham, von Jan P. Beckmann (bsr 533)
Willard Van Orman Quine, von Henri Lauener (bsr 503)
Blaise Pascal, von Wilhelm Schmidt-Biggemann (bsr 553)
Charles Sanders Peirce, von Klaus Oehler (bsr 523)
Jean Piaget, von Thomas Kesselring (bsr 512)
Karl R. Popper, von Lothar Schäfer (bsr 516)
Karl Rahner, von Albert Raffelt/Hansjürgen Verweyen (bsr 541)
John Rawls, von Thomas W. Pogge (bsr 525)
Max Scheler, von Wolfhart Henckmann (bsr 543)
F. W. J. Schelling, von Hans Michael Baumgartner/Harald Korten (bsr 536)
Sokrates, von Günter Figal (bsr 530)
Baruch de Spinoza, von Wolfgang Bartuschat (bsr 537)
Paul Tillich, von Werner Schüßler (bsr 540)
Vorsokratiker, von Christof Rapp (bsr 539)
Max Weber, von Gregor Schöllgen (bsr 544)
Alfred North Whitehead, von Michael Hampe (bsr 547)
Ludwig Wittgenstein, von Wilhelm Vossenkuhl (bsr 532)

Verlag C. H. Beck